HSU

人間幸福学のすすめ

HSU人間幸福学部編

まえがき

ハッピー・サイエンス・ユニバーシティ（以下、ＨＳＵ）が２０１５年４月に開学してから４年が過ぎ、２０１８年度をもって完成年度を迎えました。早いもので、本年２０１９年３月には第一期卒業生を輩出し、信仰心と情熱、使命感溢(あふ)れるＨＳＵ生たちが日本や世界に飛び立たんとしています。

開学後４年間、私たちは、幸福の科学グループ創始者にして、ＨＳＵ創立者・大川隆法総裁の説かれる地球的仏法真理の導きの下、人類の未来を切り拓くため、「人間幸福学」という新しい学問を創造しようと、学生たちと一緒になって日々、未知なるものへの挑戦を続けてまいりました。

その中でも、ＨＳＵ人間幸福学部において研究されている「人間幸福学」について広く世に知っていただくために、この４年間の同学部教授陣の学問的蓄積を人間幸福学論文集として発刊する次第です。

第1章では、人間幸福学の考える幸福とは何かを総論的に述べました。（黒川白雲担当）

第2章から第4章にかけて、人間幸福学の主な領域である宗教学（金子一之プロフェッサー担当）、哲学（伊藤淳アソシエイト・プロフェッサー担当）、心理学（千田要一プロフェッサー担当）の切り口から「人間幸福学」という新しい学問への理解を深めるための論文を所収しました。

また、人間幸福学は、個人の幸福のみならず、全世界の幸福に責任を持つ学問を想定していることから、第5章に人間幸福学の立場から考える国際教養（松本泰典プロフェッサー担当）についての論文を所収することにしました。

本書が、「人間幸福学とは何か」の理解を深め、「人間幸福学は、人類の未来を切り拓くためにこそ必要な学問である」ことを、多くの方々に知っていただく機会となれば幸いです。

最後に、HSU出版会の皆様のご協力と、何よりも、人類の至宝である仏法真理を通じて、大いなる智慧と慈悲に満ち溢れたご指導をくださっている創立者・大川隆法総裁に心より感謝申し上げる次第です。

ハッピー・サイエンス・ユニバーシティ
バイス・プリンシパル 兼 人間幸福学部ディーン　黒川 白雲

目次

―凡例―

※本文中の大川隆法著作からの引用は原則、『書籍名』ページ数で表記。

第1章

「人間幸福学」が解き明かす幸福とは

Kurokawa Hakuun
黒川 白雲

1.「人間幸福学」とは何か

（1）「幸福学」が蓄積されている幸福の科学教学

本章では、人間幸福学論文集の総論として、新しい学問である「人間幸福学とは何か」ということを確認した上で、幸福とは何かを論じたい。

ＨＳＵは「幸福の探究と新文明の創造」を建学の精神として掲げている。これが、人間幸福学部、経営成功学部、未来産業学部、未来創造学部というＨＳＵの四つの学部に流れる理念であり、目標である。

そして、人間幸福学部は、この建学の精神を中心的に受け止め、文字通り「人間の幸福」を探究していくことを使命としている。

ＨＳＵの母体である宗教法人・幸福の科学は、２０１９年で立宗33年目を迎えた。

大川隆法総裁の説法は２８００回を超え、著書は２５００冊以上にのぼる。その内容は、宗教、政治、経済、教育、国際問題、医療、芸術・芸能など、広範な分野にわたり、日本のみならず、世界１００カ国以上に影響を与え続けている。その領域は、人類のありとあらゆる問題、課題解決を目指すものであり、高邁にして広大無辺なものであるが、それらを貫く中心軸に「幸福の探究」「幸福の法則化」という科学的精神がある。大川総裁は次のように述べている。

「個人の幸福をつかみ取っていくのは、結局、各人の仕事ではあるけれども、幸福になるためには、幸福になるための方法があるはずであり、そして、その方法のなかには科学的な法則性がかなりあるはずだ」ということに私は着目しました。

したがって、私自身の仕事においても、「できるだけ、実証性があり、また、多くの人に通用するような説き方で、幸福になるための方法論を説く」とい

うことが大事ではないかと思っているのです。

『幸福の科学とは何か』19ページ

幸福の科学において私が説いてきた二千数百本の説法[※]、及び、国内外（教団内外）で発刊された累計千六百冊以上の書物は、ほぼ全て、「幸福学」、及び「幸福論」に関わるものである。

これだけの文献[※]（二十七言語、約一億冊以上発行）を研究できる宗教学者は、日本にも諸外国にもいないため、今般、幸福の科学大学を創立し、世界的にもニーズのある『幸福学』を実学化し、より知識ベースで理解できるものとして長期的に研究できる体制をつくろうと試みた。

『幸福学概論』まえがき　※同書発刊当時の数

幸福の科学はその教団名に表れているように、立宗当初より、「人間はどのような考え方をすれば幸福になるのか」という幸福への方法論を30年以上も実践、探究し続けており、「幸福学」における膨大な智慧の蓄積がある。

「人間幸福学」とは、こうした「人類の至宝」とも言える幸福の科学の教義を「学問化」したものである。ここで言う「学問」とは、「真理の探究」と「世界への貢献」を目的として、多様なる現象から帰納法的に「幸福になる一般法則」を導き出す科学的態度であり、人類普遍の真理を導き出す知的体系に他ならない。

大川総裁は、人間幸福学について次のように述べている。

「人間幸福学」とは、いわゆる「幸福の科学」学を、宗教的側面からではなく、一種の一般教養としても、あるいは、専門的な知識やスキルとしても使えるようなかたちで提供していくものであり、「『こういう考え方をしていけば、人間は幸福になることができる』ということを、さまざまな経験や教えのなかから抽出し、それを一般化していく」という努力であります。

『新しき大学の理念』34ページ

宗教法人・幸福の科学は、宗教としての「人間の幸福のあり方」を探究しているわけではありますが、あえて大学を創る以上、それを、もう一段、具体的に学問化したものとして、あるいは、智慧や技術や一般教養のかたちにまで濾過（ろか）したものとしてつくっていきたいと考えています。他の分野にも応用できるようなものを中心に抽出していきたいのです。

『新しき大学の理念』33ページ

つまり、人間幸福学とは、膨大な智慧が蓄積されている幸福の科学教学から、幸福への方法を抽出・学問化し、人類の幸福に貢献しようとする試みであると言える。これは「人類共有の知的財産の拡大」を目指す学問の本質そのものである。

（2）行き詰まりを見せている現代の専門分化した学問

従来の学問は、専門家が各専門分野を掘り下げることで進歩してきた。個々の研究者にとって、膨大な学問領域全般にわたって専門的に攻究することは不可能であり、学問の専門分化は、その歴史上、やむを得ない側面があった。とはいえ、結果として、学問が本来、果たすべき役割を放棄してしまっているのではないだろうか。

学問の専門分化が極度に進んだ今、多くの学問はほんとうに人々の幸福に寄与するものとはなっていないことは明らかである。マックス・ウェーバーが指摘する通り、学問の専門分化が進むことにより、学問は「真なる存在への道」という理想を失い、もはや「生の意味」を学問に求めることはできず、その根本的価値を失ってしまったのである（注1）。

たとえば、政治家であれば、政治のことだけではなく経済についても見識がなければ、経済政策への的確な判断はできるはずもない。また、法律についての知識がなければ立法府である国会議員としての義務は果たせない。その法律が正しいかどうかの判断は、その法律の根底にある法哲学が正しいかどうかということも学んでいなければいけない。このように、政治家として人々の幸福に寄与するためには、さまざまな学問を学んでいることが求められる。これは政治家のみならず、各職業で起きてくる事態である。

大川総裁は次のように述べている。

学問について「細分化」を前提とするような考え方は、「さまざまな分野に分かれてしまったあとは、知識が百科全集的に増えすぎ、すべてを学び尽くせなくなった」ということを意味しています。

それゆえに、すべてを学ぶことはあきらめ、例えば、「教師などの専門家として立ったり、社会人として専門を持ったりするためには、特定分野においいて他の人よりも深く掘り下げておかなければ無理だ」といった考えが出てきたのだと思います。要するに、知識の量が増えすぎたわけです。

そこで、「一つの部分で専門家になり、あとは、アバウトに知って済ませる」という考えが出てきたのです。これは、流れとして、当然出てくるものでしょうし、そのように分かれてくるものではあるでしょう。

ただ、小さな目ばかりで見ていると、全体が見えなくなってくることがあります。〝虫の目〟で働いている軍隊アリのような人ばかりでは、〝女王アリの目〟がなくなってしまう面もあるのです。

そのために、ときどき、統合的な思想や哲学、宗教などが出てくることによって、もう一回シャッフルし、「何が要らなくて、何が必要か」ということを考えてみる必要があるわけです。

『新しき大学の理念』47〜48ページ

こうした問題は個人のみならず、社会や国家の問題に対しても言える。現代に生きる人類の課題として、キリスト教とイスラム教などの宗教対立に基づく国際紛争や、アメリカなどの信仰ある国家と中国・北朝鮮などの唯物論国家の対立、人口100億人時代における食糧問題・エネルギー問題などが挙げられる。こうした問題は、前述した「専門分化・細分化した学問」では問題の全体を捉えられず、解決策を提示することは難しい。

したがって、学問の専門分化が進んだ現代だからこそ、逆に学問を統合することを時代が要請していると言える。

(3) 諸学問を統合する「人間幸福学」

こうした観点から、人間幸福学は「幸福の科学教学」を基底として、哲学、宗教学、心理学、経営学、経済学などのあらゆる分野の学問を「幸福学」の展開として捉え、統合していく試みである。

そもそも、学問のはじまりにして万学の祖アリストテレスは、「幸福」について次のように言及している。

> われわれの達成しうるあらゆる善のうちの最上のものは何であるだろうか。名目的には、たいがいのひとびとの答えはおおよそ一致する。すなわち一般のひとびとも、たしなみのあるひとびとも、それは幸福（エウダイモニア）にほかならないというのであり、のみならず、よく生きている（エウ・ゼーン）ということ、よくやっている（エウ・プラッテイン）ということを、幸福にしている（エウダイモネイン）というのと同じ意味に解する点においても彼らは一致している。（注2）

アリストテレスは、人生の目的も哲学の目的も「幸福」であり、その幸福とは「最高善」であると説いた。つまり、学問のはじまりである哲学は「幸福学」であったと言える。

また、哲学が「理念的幸福」を目指しているのに対して、あらゆる宗教は、その目的を「実践的幸福」（実生活における幸福の実現）に置いている。実際、宗教学において、「宗教は貧・病・争の解決が課題である」と言われている（注3）。

大川総裁は、次のように述べている。


「貧・病・争」の解決は、言葉を換えると、「どうすれば不幸な状態から幸福になれるか」ということでしょうから、「貧・病・争」の解決が、宗教の基本的な原理であるならば、「宗教は基本的に幸福論を説いている」と考えてよいと思います。

つまり、教祖の個性や経験を反映した上で独自の教義を編み、活動原理と組織原理を持って、その幸福論を展開していこうとしているのが宗教であって、ある意味で、宗教の活動自体は、「実践幸福論」ともいうべきものである

と思います。

『幸福学概論』33〜34ページ

心理学は、フロイト、ユングからはじまったが、その研究対象は精神的健康を失った人々を中心としていた。つまり、はじまりにおいては、ある意味で「不幸の心理学」が中心であった。

しかし、アドラー、マズローなどの登場により、「幸福の心理学」が生まれた。アドラーは、「共同体への貢献が幸福をもたらす」という主旨の内容を述べ（注4）、マズローは、「生理的欲求」「安全の欲求」「所属と愛の欲求」「承認（尊重）の欲求」「自己実現欲求」の「欲求5段階説」、さらにはそれを超えた「自己超越欲求」を論じることにより、人間としての欲求行動の成長モデルを提示し、一種の幸福の発展段階、人格の成長モデルを論じている（注5）。

また、人間幸福学では、経営学や経済学も「幸福学」と捉える。

大川総裁は次のように述べている。

一般に、宗教では経営学に手を伸ばすところまではいかないことが多いわけですが、私はこの点に着目をしており、「経営者を目指している人たちに、経営学的手法をある程度分かりやすい言葉で伝えることによって、貧の解決にはなるのではないか」という考えを持っているのです。

すべての人を平等に豊かにしていくことはなかなか大変なことではありますけれども、事業家的な才能や手腕を持った人に一定の知識を与えることによって、その事業を確実ならしめ、安定軌道に乗せることができます。それがまた多くの人々の賃金の上昇や、地位の向上をもたらすかたちになり、家庭での「幸福感の増大」になることもありえるわけです。

『幸福学概論』52〜53ページ

経営とは、智慧を生かして、人々を豊かにし、幸福にしていくための手段である。これは宗教の課題である「貧・病・争」のうちの貧の解決にあたる。

実際に経営が失敗し、自殺に至る前の段階で救済しなければ遅いと考え、大川総裁は「経営の法」を数多く説いている。

人間幸福学は、ここまで見てきたように諸学の目的である「幸福の探究」に立ち返り、幸福の科学教学を基底として、「人間の幸福」という観点から諸学を整理・統合し、人類の課題を克服し、人類幸福化を成し遂げようとする壮大な理想を持った学問であると言える。

2. 真なる幸福とは何か

(1)「動的幸福」と「静的幸福」

一言で「幸福」と言っても、形はさまざまである。そこで、本節においては、「幸福」を学問的に「動的幸福」と「静的幸福」、次節においては、「相対的幸福」と「絶対幸福」という観点から分類を試みる。

仕事において他の人との競争に勝つことが幸福だと言う人もいれば、好きな人と結婚することが幸福だと考えるのも一般的な幸福論である。欲望の達成こそ幸福であると考える向きもあるだろう。

大川総裁は、幸福には「動的幸福」と「静的幸福」があることを指摘している。

幸福には、「満足」の面を強調した静的な幸福、つまり、「足ることを知る」という意味での消極的な幸福もあれば、「進歩・向上」の面を強調した動的な幸福、つまり、「発展・成長を喜ぶ」という意味での積極的な幸福もあります。そして、この二つは、いわばブレーキとアクセルのように、人生という名の自動車の運転に影響を与えているのではないでしょうか。

『ユートピア創造論』12ページ

「動的幸福」とは、進歩・向上・発展といった活動的生活の中における幸福である。幸福の科学の基本教義は、「愛・知・反省・発展」からなる幸福の原理であり、基本教義の一柱として「発展」を挙げている。

第四原理が「発展の原理」です。これは、仏に向けての発展を求める原理であり、現状維持をよしとするのではなく、自分も含めて、すべてのものが、さらによくなっていくことを求める原理です。

すなわち、「常に前進、常に向上を求めていきましょう。そのために具体的な活動もしていきましょう」という教えです。

人生には、ある程度、複数の人間が登場するため、優勝劣敗（ゆうしょうれっぱい）の法則に従って、やはり、さまざまな勝者や敗者が出てきます。

しかし、小さな土俵のなかだけでの勝敗であれば、確かに、「一人が幸福になれば、一人が不幸になる」という関係になりますが、全体がユートピアに向けてグーッとよくなっているときには、そういう関係にはなりません。

敗者であっても、自分としての幸福感が、多少、足りない程度ですし、勝者は、もっと高い幸福感を持っていて、すべての人が幸福感を手にしています。

『「発展思考」講義』10〜11ページ

この「発展」の教義の中には経営論や仕事論も含まれる。

一般的に、宗教はお金に否定的な傾向が強い。たとえば、キリスト教では、「お金持ちが天国に入るのはラクダが針の穴を通るよりも難しい」という譬（たと）えがあるように、お金儲けを否定している。また、仏教でも釈尊が弟子と歩いている際、お金が落ちているのを見て、お金を毒蛇に譬え、お金が身を滅ぼすことを説いている。

しかし、釈尊やイエス・キリストの在世時は、経済活動が発達していないという点で時代的制約があり、お金に対する教えが充分に説かれていない。

したがって、現代社会とは必ずしも適合しない。

人間幸福学においてはお金そのものを否定していない。あくまでもお金を価値中立的に捉え、どのようにお金を使うかで善悪を分かつ。

大川総裁は、次のように述べている。

「よいことのために、一生懸命、汗水垂らして働いて、富を築く」というこ

とは善です。はっきり言って、積極的な善なのです。（中略）

「築いた富を、よいことのために使う」というのは、さらなる善なのです。その富が、自分ひとりのものであったとしても、「よく働いた。立派に働いた」という意味での勲章になりますが、さらに、蓄積した富をよいことのために使ったならば、それは、さらなる善になります。

「この善が、さらに〝利子〟を生む。善が善を呼び、幸福が幸福を呼ぶ」というように、だんだん仕事をしていくわけです。

『発展思考』48〜49ページ

こうした動的幸福に対し、静的幸福とは観照的生活の中における幸福を指す。大川総裁は、観照的生活について次のように述べている。

もう一つの幸福についても同時に感じていました。それは何かというと、活

動的生活に対置される観照的生活、あるいは観想的生活のなかにおける幸福です。こういう幸福が、もう一つあります。（中略）
それは、ある意味での「孤独の思想」です。日本で言えば、禅寺で坐禅をしているときに得られる「心の安らぎ」の奥にある幸福でしょうし、キリスト教的に言えば、修道院のなかでの修道的生活、瞑想的生活に当たるでしょう。

『政治の理想について』31〜32ページ

前述したアリストテレスも、人間の主要な生活形態を「享楽的生活」「活動的生活」「観照的生活」の三つに分け、観照的生活について次のように述べている。

至福な活動たることにおいて何よりもまさるところの神の活動は、観照的な性質のものでなくてはならない。したがってまた、人間のもろもろの活動のうちでも、やはり最もこれに近親的なものが、最も幸福な活動だということになる。（注６）

なぜ、幸福になるために観照的生活、瞑想的生活が必要なのか。それは、真の幸福は「心の平静」の中にあるからだ。大川総裁は次のように述べている。

真の幸福感を感じるためには、どうしても心の平静というものを経験することが大事である、と私は思います。

心の平静とは何でしょうか。それは、心が波立っていないことです。心が波立っていないとどうなるでしょうか。イライラしたり、いろいろな悪い思いが心のなかを駆けめぐったりということがなくなるわけです。その穏やかな心、澄みきった水面(みなも)のような心をいったん経験した方は、幸福の本質をかなり垣間見たと言ってよいでしょう。

『悟りに到る道』142ページ

> 瞑想の効果の第二は、これは幸福感というもののほんとうの意味を、ありありと教えてくれるということです。すなわち神の光、あるいは実在界の実体験、高級霊の臨在というものを感じる。それを通して、この世では感じ取ることができないような幸福感を感じることができるということです。
>
> これは恍惚感と言われることもありますが、瞑想をくり返すにつれて、次第に小恍惚感というものを何度も何度も経験するようになっていきます。ひじょうに幸せな感覚というものが体中に広がっていく。その爽やかな感じ、幸福な感じというのが体中に広がっていく。そうした感覚を得られることが多いでしょう。
>
> 『瞑想の極意』24～25ページ

仏教の教えの旗印は「諸行無常・諸法無我・涅槃寂静」の三法印であり、心の平和の境地を「涅槃」と呼んでいる。「すべてのものは移ろいゆく。この世のものはすべて仮である。したがって過ぎ去るものに執着してはいけない」というのが仏教の教えであり、この世的執着を断った中にある涅槃寂静の幸福を得るために仏弟子たちは修行していたのだ。

日本神道においても、「和の心」「調和の心」を重んじている。

大川総裁は次のように述べている。

「日本神道的幸福論」とは何でしょうか。（中略）

やはり、「民族としての発展・繁栄を目指しながらも、その際に出てくるギスギスした不調和や争いごと、自他を分けて競争するために生じるまとまらない部分などに対しては、もう一段高いところに『調和の心』を立て、それを持つことで国をまとめよう」としたわけです。そうした「大和（やまと）の心」をつくってきたという歴史があったのではないかと思います。

観照的、瞑想的生活を基にした「心の平和」の中に、現代人が忘れ去って久しい幸福がある。

『日本神道的幸福論』１１９～１２０ページ

(2)「相対的幸福」と「絶対幸福」

前節の静的幸福は、心の中にある幸福であり、他の人や環境がどうあろうとも壊れることのない「心の王国」とも言える絶対的な幸福である。こうした観点から、大川総裁は、「相対的幸福」と「絶対幸福」があると指摘している。

大切なのは、「相対的な幸福」「人との比較における幸福」ではなくて、「絶対幸福」とも言うべきもの、「絶対的な幸福」でしょう。「自分は幸福である」

と言い切れる人は、やはり幸福だと思うのです。
したがって、自分が、どのような環境にあるか、どのような性格や外見、家柄、教育的バックグラウンド、職業であるかなど、いろいろあるかもしれませんが、「どのようなところに、どのようなものを持って生まれていたとしても、幸福である」という気持ちを持てれば、「その幸福は、相対的ではない、本人自身の絶対的な幸福だ」と言うことができるのではないかと思います。

『「幸福の心理学」講義』63ページ

相対的幸福とは、「他人との比較」や「環境条件」「他人への依存」によって成り立っている幸福である。金銭や財産、地位や名誉、異性や他人からの優しさなど、多くの人々が求めている幸福である。しかし、相対的幸福は、長続きしないという特徴を持っている。

表①は、収入が50％増加した場合の幸福度の経年変化を表した図表である。50％

表① 収入が50％増加した場合の幸福度の経年変化

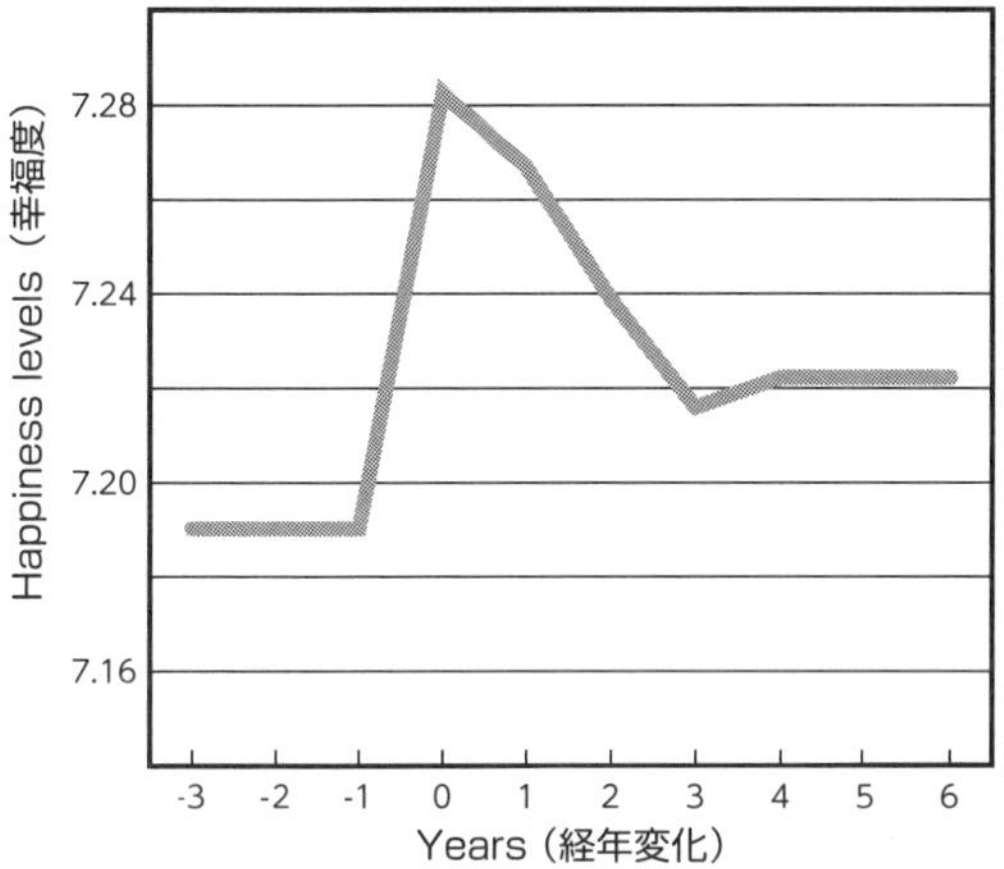

出典：Di Tella,R. Haisken-De New, J. and MacCulloch,R., (2007), Happiness Adaptation to Income and to Status in an Individual Panel, NBER Working Paper No. 13159, MA: National Bureau Of Economic Research

表② 年収と効用の関係

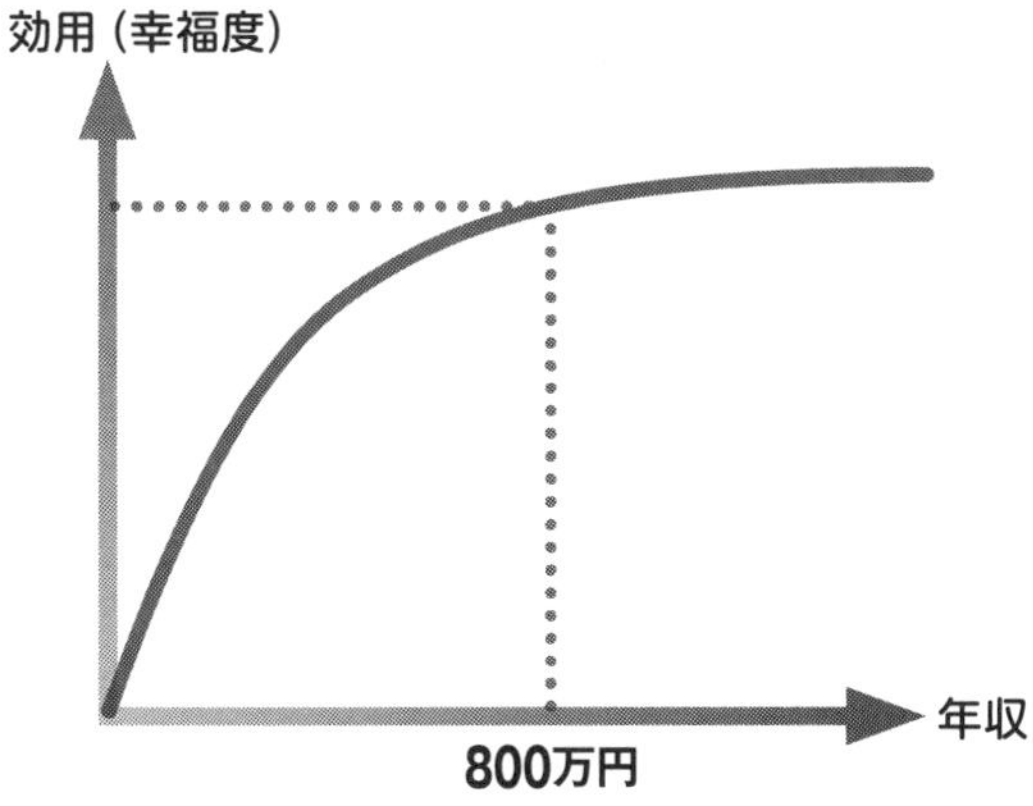

出典：橘玲著『幸福の「資本」論』（ダイヤモンド社）

表③　結婚した女性の幸福度指数

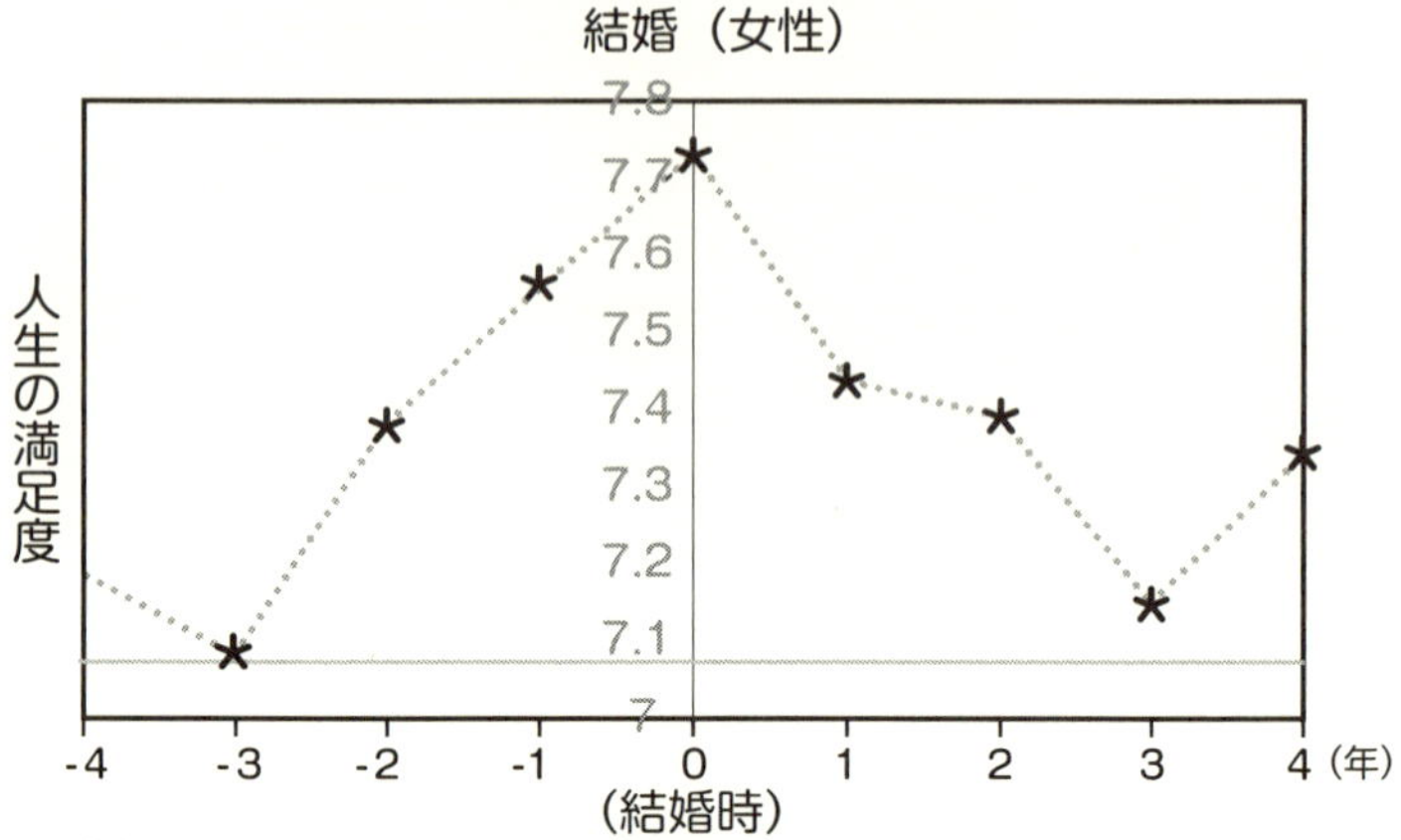

出典：Andrew E.Clark,Ed Diener,Yannis Georgellis and Richard E.Lucas, (2003) ,Lags and Leads in Life Satisfaction:A Test of the Baseline Hypothesis,Discussion Papers 371,DIW Berlin,German Institute for Economic Research.

増加した年から1年〜3年後には、幸福度指数は急激に下がっている。

表②は、年収と幸福度の関係を数値化したものである。年収が800万円を超えると幸福度はほとんど上昇しないことが分かる。

表③は、結婚した女性の幸福度指数の図表である。結婚して1年も経たないうちに幸福度は7・7から7・4近くまで下がり、3年後には7・2まで下がっている。

なぜ、これらのような相対的幸福は長続きしないのか。五つの仮説が考えられる。

一つ目は「順応仮説」である。環境や条件に慣れてくると、少しずつ喜びが減少するということだ。たとえば、好物であっても、1杯目はおいしく食べることができるが、2杯目、3杯目と食べていけば、1杯目ほどおいしく感じられなくなる。これは、経済学でいう「限界効用逓減（ていげん）の法則」（財の消費量が増えれば増えるほど、追加していく消費量から得られる効用〔幸福〕が次第に小さくなっていくという法則）を心理学的に置き換えたものである。

二つ目は、経済学者ジェームズ・デューゼンベリー（元ハーバード大学教授）の言う「相対所得仮説」である。たとえば、お金持ちであっても自分の知人がそれ以上の収入を収めていたら、嫉妬心から幸福度が下がっていくという法則である。また、過去、今以上に豊かであった場合も、その比較感から幸福感は高まらない。要するに、幸福度は相対的なものによって決定されるという仮説である。

三つ目は、仏教で言う「諸行無常」、熱力学的に言うならば、「エントロピー増大の法則」である。過去の歴史を見てもわかるように、「盛者必衰（せいじゃひっすい）の理（ことわり）」は、古今（ここん）

東西共通の現象であり、また、どのような成功者であっても１００年後に生きている人はいない。これらの幸福は、「諸行無常」であり、秩序が無秩序へと向かう「エントロピー増大の法則」から逃れられず、永遠性を有するものではない。

四つ目は、仏教で言う「煩悩無尽」である。欲望にはきりがないため、求めても得られない苦しみに襲われるということだ。１００万円を得たら２００万円が欲しくなり、２００万円を得たら３００万円が欲しくなるのが人間であり、人間は満足することを知らない。釈尊はこうした無限に続く煩悩、妄執、欲望から解脱を果たさない限り、本質的に人間は幸福になり得ないと論じている。

五つ目は、心理学で言う「対象喪失」の不安である。たとえば幸福な家庭を築いたとしても、それがいつか壊れるのではないかという不安である。仏教に「愛別離苦」という言葉があるように、愛する人と別れる苦しみからは誰も逃れられない。愛するものに執着が生じると、対象喪失の憂いや恐れが出てくるということである。

大川総裁は次のように述べている。

釈尊は、「私は、いったいいかなる真理を悟ったかというと、まず、『人生は苦である』ということを知った」と言いました。すると、五人の仲間たちは、「『人生は苦である』というのは、いったい何が苦なのですか」と訊いたわけです。

ここで釈尊が語った「苦」というのは、一般的な苦というよりは、「満たされない」ということなのです。

要するに、この世での人生、肉体を持った修行には、「満たされない」という気持ちがあり、これが人間を苦しめているということです。

『「悟りの挑戦（上巻）」講義』32〜33ページ

苦しみの原因は何であるかというと、結局、「欲望の瀑流（ぼうる）」です。欲望の奔（ほん）

流(りゅう)のなかで、この世的に生きやすい自分を求めていることが、実は、いろいろな苦しみをつくっている原因である、ということを知らなければいけないのです。欲望こそが、苦しみの原因なのです。

そうであるならば、欲望を去ることにこそ、実は平安の境地があります。

『仏陀の証明』176〜177ページ

釈尊は、人生を苦しみであると喝破した。五つの仮説からもわかるように、自分の外側に幸福の種を求めても幸福は手に入らない。自分の外側に幸福を求める「相対的幸福」ではなく、環境がどうあろうとも幸福であるという「絶対幸福」の中にこそ、真の幸福がある。

（３）絶対幸福は心の中にある

では、絶対幸福とはどのようにして得られるのだろうか。ストア派の哲学者エピクテトスは次のように述べている。

神の意欲や、支配を考察してよりほかに、どうしてできるか。彼は私に私のもの、自主的なものとして何を与えたか、彼は自分の処に何を残して置いたか。彼は私に意志的なものを与えた、彼はそれを私の権内のものとし、邪魔されない妨げられないものとしたのだ。（注７）

エピクテトスは、肉体や財産、評判や役職などは自分の権内にはないが、「自分がどう思うか」ということは自分の権内にあると説いた。これは相対的幸福を超えた「絶対幸福」につながる哲学である。

エピクテトスの哲学について、大川総裁は次のように述べている。

このエピクテトスの考えは、実に面白い考えです。「外部環境については、全部を変えることはできない。自分の思うようにはならないものも、必ずある。しかし、『自分がどう思うか』という内面は、百パーセント、自分の自由になる」ということを、彼は言っています。

これは意外に、哲学の本質を突いた部分があるのです。生まれによって、地位が違ったり、経済格差があったりしますし、生まれる国を選べないなど、いろいろな面もありますが、「そのなかでどう生きるか」ということは各人の内心の自由であり、やはり、奪えないところがあるわけです。

『「比較幸福学」入門』52～53ページ

また、古代の哲学者だけではなく、ポジティブ心理学の実証研究の第一人者であるソニア・リュボミアスキーも次のように述べている。
「裕福か、貧乏か」「健康か、病気がちか」「器量がいいか、人並みか」「既婚者か、離婚経験者か」などの生活環境や状況による違いは、幸福度のわずか10％しか占めない、ということを。（注8）

メーテルリンクの『青い鳥』は、世界中で愛読されている物語だ。チルチル、ミチルという兄妹が、病気の女の子のために「青い鳥」を捜すという物語だが、どれだけ遠くまで探しに行っても「青い鳥」は見つからない。しかし、家に戻ると、自分たちが飼っていた鳥が「青い鳥」だったことに気づくのだ。この物語の真意について、大川総裁は以下のように述べている。

幸福の青い鳥は、世界中を探しても見つかるものではありません。あのチ

ルチルとミチルの話を出すまでもないことですが、幸福の青い鳥は、世界中を探しても、じつは見つからなくて、自宅に帰ってきてみるといるのです。つまり、意外に身近なところにあるものなのです。

その青い鳥を見いだす方法は、あなた自身のなかにあります。相手に探すからこそ、どんな森のなかを探しても青い鳥は見つからないのです。あなた自身の心のなかに、青い鳥を探すべきです。それがあの『青い鳥』の物語のほんとうの意味なのです。

『幸福のつかみ方』57〜58ページ

真実の「幸福」は外の世界に探し求めても見つかるものではない。真実の幸福は、「自身の心の中」にあることに気づくことが「幸福学」の出発点である。

以上見てきたように、自分の外側、環境や条件ではなく、心の中にこそ幸福はある。したがって、自らの心をコントロールし切ることが、絶対幸福への道であると言える。

大川総裁は次のように述べている。

目の前に投げ出された環境は同じかもしれません。しかし、この心的態度、心の態度によって、幸・不幸は大きく変わっていきます。同じ環境に対して、どういう心理的態度をとるかによって、その人の心のなかにおいて幸福と不幸が分かれていくのです。

したがって、「幸福の原点」とは、やはり、「外部環境や他人に対する、みずからの心の態度、アプローチの仕方を、いかに設定し、コントロールするか」という一点にかかっているといわざるをえないのです。

『幸福の原点』82ページ

（4）絶対幸福は正しき「信仰」の中にある

では、いかなる環境においても幸福であるという心をつくるためには何が必要だろうか。それが、信仰である。

世界三大幸福論を著した一人であるカール・ヒルティは次のように述べている。

人生の幸福は、神の世界秩序との内的一致であり、こうしてまた神の側近くあるという感情であり、不幸は、神から背くことであり、たえざる内心の不安であり、生涯の終わりになんらの収穫をも残さないことである。（注9）

信仰において大切なことは、「従順」「服従」である。

大川総裁は次のように述べている。

信仰において、まず大事なことは何でしょうか。それは、「従順」ということです。従順とは、「自我を振り回さない」ということです。（中略）

この「従順さ」というものは、実は、キリスト教の修道院などで教えられることではあります。（中略）

「仏や神、あるいは主の教えに対して、従順であること、そして服従すること」という教えは、近代的自我を備えている人にとっては、非常に辛いことでしょう。しかし、これを受け入れることは大きな修行なのです。

『君よ、涙の谷を渡れ。』71〜73ページ

キリスト教だけではなく、イスラム教においても「神への服従」が説かれている。

イスラームという語の最も基本的な意味は、無条件的な自己委託、自分を相手に引き渡してしまうこと。（中略）自分をこのようにゆだねる相手は神である。す

なわち、断乎として自我の意欲を切り棄て、すべて神の心のままにうち任せ、神のはからいがどうあろうとも、その結果の好悪については敢えて問うまいという主体的態度をそれは意味する。一言をもってすれば、神への絶対無条件的な依存の態度である。（注10）

イスラーム（引き渡し）という内的行為の主体は人間であり、それを受ける相手は神、そして引き渡される貴重品は人間の自我である。（中略）自分に関わる一切を神の手にゆだねて、なんでも向うのなすがまま。（中略）このように自分をすっかり神に任せてしまった人を「ムスリム」（muslim）という。（注11）

イスラム教がなぜこれほどまでに神への服従を説くかと言えば、服従の中に信仰のあり方があるからだ。

この世においては、病気、失恋、離婚、倒産、愛する人との別れなど、さまざまな不幸がある。しかし、神の愛を信じ切る者に不幸はない。なぜなら、その苦難困難も、自分自身の幸福の種として神が与えてくださったものだからである。

この世のものは、すべて、はかないものです。そのなかにあって、「最終的な幸福、絶対幸福とは何ぞや」ということを考えると、それは、キリスト教的に言えば、神に愛されることでしょうし、仏教的に言えば、仏陀に愛されることでしょう。

『君よ、涙の谷を渡れ。』67ページ

さらに、この世のなかにおいて、現に我はまた魂修行の場を与えられているという、偉大なる仏の慈悲に対する感謝の心を持って、その目で見たときに、すべてのものはまた、雨あがりの世界のように太陽の光に溢（あふ）れ、虹がかかって見えてくるものなのです。

「すべてが、自分のために、自分を生かすためにあるのだ。自分を指導するために、導くために、苦しみも悲しみも、また現世的には悪と見えしものもあるのだ」と悟ったときに、この世に素晴らしい天国が展開してきます。これを「真空妙有（しんくうみょうう）」といいます。

『沈黙の仏陀』45ページ

以上見てきたように、信仰の中にこそ真の幸福があると言える。

(5)「私的幸福」と「公的幸福」

幸福の分類として、「動的幸福」と「静的幸福」、「相対的幸福」と「絶対幸福」という観点から真の幸福を探究してきた。最後に、「私的幸福」と「公的幸福」という論点に触れておきたい。

大川総裁は次のように述べている。

私は「幸福の科学が目指す幸福には、私的幸福と公的幸福という二種類の幸福がある」と説いています。
「私的幸福」とは何でしょうか。それは個人としての幸福です。もう一方の「公的幸福」とは、社会全体の幸福のことです。

『ユートピア創造論』11～12ページ

本章ではこれまで「私的幸福」に重点をおいて解説してきたが、もう一方で社会全体の幸福である「公的幸福」も私たちが目指す真の幸福である。

幸福の科学は立宗当初より「全人類救済」を使命として掲げ、活動してきた。現在では信者は100カ国以上に広がり、大川総裁の著作は31言語に翻訳され、文字通り全人類幸福化のための活動を展開している。したがって人間幸福学の使命は、「私的幸福」にとどまらず、「公的幸福」としての「国家・世界レベルの幸福」まで含まれていると言える。こうした観点から、人間幸福学部には国際コースを設置し、英語や国際教養を学ぶことのできる環境を整えている。（国際教養については第5章参照）

総括として、本章で説いてきた幸福学の目指す範疇（はんちゅう）を『幸福学概論』より引用する。

われらが説く「幸福学」とは、「人生万般、あるいは、会社を含め、組織、社会全般、そして、国家全般、さらには、国家間、世界レベルでの幸福とは何か、平和とは何なのか。そして、目指すべき未来とは何であるのか」という大きなテーマも含んだ「幸福学」であると言うことができると思います。

『幸福学概論』152ページ

前述の通り、本来、学問の目的は人間の「幸福の探究」にあり、宗教とは切り離すことができない人類幸福化に向けた「知の体系」であった。しかし、学問の世界において、18世紀に「聖」から「俗」への転換（「聖俗革命」）が起こり、それ以降、学問において「聖」の視点はタブー視されてきた。「人間幸福学」とは、この隅に追いやられてきた「聖」なる立場を再び学問の世界に取り戻し、人類幸福化を目指す大いなる挑戦である。

本章では、「人間幸福学とは何か」「真の幸福とは何か」を総論的に述べた。

次章からは、その各論である宗教学、哲学、心理学、国際教養の観点から人間幸福学研究を行いたい。

（注1）マックス・ウェーバー著『職業としての学問』（岩波文庫）
（注2）アリストテレス著『ニコマコス倫理学（上）』（岩波文庫）20ページ
（注3）たとえば、コロンビア大学の宗教社会学者チャールズ・グロック教授は、宗教への入信動機として、「相対的剝奪理論」を展開し、「貧・病・争」などの剝奪要因を論じている。
（注4）アルフレッド・アドラー著『生きるために大切なこと』（方丈社）
（注5）A．H．マズロー著『改訂新版　人間性の心理学』（産業能率大学出版部）
（注6）アリストテレス著『ニコマコス倫理学（下）』（岩波文庫）180ページ
（注7）エピクテートス著『人生談義（下）』（岩波文庫）147ページ
（注8）ソニア・リュボミアスキー著『幸せがずっと続く12の行動習慣』（日本実業出版社）34ページ
（注9）ヒルティ著『幸福論　第一部』（岩波文庫）269ページ
（注10）井筒俊彦著『イスラーム生誕』（中公文庫）123〜124ページ
（注11）井筒俊彦著『イスラーム生誕』（中公文庫）125〜126ページ

【参考文献】

大川隆法著『幸福の科学とは何か』（幸福の科学出版）
大川隆法著『幸福学概論』（幸福の科学出版）
大川隆法著『新しき大学の理念』（幸福の科学出版）
大川隆法著『ユートピア創造論』（幸福の科学出版）

大川隆法著『「発展思考」講義』（幸福の科学）
大川隆法著『発展思考』（幸福の科学出版）
大川隆法著『政治の理想について』（幸福の科学出版）
大川隆法著『悟りに到る道』（幸福の科学出版）
大川隆法著『瞑想の極意』（幸福の科学出版）
大川隆法著『日本神道的幸福論』（幸福の科学出版）
大川隆法著『「幸福の心理学」講義』（幸福の科学出版）
大川隆法著『「悟りの挑戦（上巻）」講義』（幸福の科学）
大川隆法著『仏陀の証明』（幸福の科学出版）
大川隆法著『「比較幸福学」入門』（幸福の科学出版）
大川隆法著『幸福のつかみ方』（幸福の科学出版）
大川隆法著『幸福の原点』（幸福の科学出版）
大川隆法著『君よ、涙の谷を渡れ。』（幸福の科学）
大川隆法著『沈黙の仏陀』（幸福の科学出版）

マックス・ウェーバー著『職業としての学問』（岩波文庫）
アリストテレス著『ニコマコス倫理学（上）』（岩波文庫）
アリストテレス著『ニコマコス倫理学（下）』（岩波文庫）
アルフレッド・アドラー著『生きるために大切なこと』（方丈社）
A.H.マズロー著『改訂新版　人間性の心理学』（産業能率大学出版部）
エピクテートス著『人生談義（下）』（岩波文庫）
橘玲著『幸福の「資本」論』（ダイヤモンド社）
ソニア・リュボミアスキー著『幸せがずっと続く12の行動習慣』（日本実業出版社）
ヒルティ著『幸福論　第一部』（岩波文庫）
井筒俊彦著『イスラーム生誕』（中公文庫）

第2章

「HSUの宗教学」とは何か

“新しい宗教学”としての「幸福の科学教学」

Kaneko Kazuyuki
金子 一之

1．これまでの「宗教学」、これからの「宗教学」

「オウム教問題」で明らかになった、宗教学の問題点

近年、「宗教学」という学問は何か、という存在意義を鋭く問われた出来事があった。１９９５年3月17日に起こった「地下鉄サリン事件」である。主犯は、仏教教団を偽装した「オウム教」であり、昨年（２０１８年）には、元教祖・麻原彰晃（本名：松本智津夫）を含む中心メンバー13名の死刑が執行がされた。

今でこそ、「オウム」を正統な「仏教教団」、あるいは「宗教」と考える人はほとんどいないが、この事件が起きる以前は、宗教学者たちの中にも、「オウム」の間違いについて見抜くことができず、たとえば「幸福の科学」と比較して、「オウム」のほうが正しいと主張していた人がいた。

価値判断は、まず、善悪を見抜くことからはじまる。しかし、宗教学の場合、「エポケー」といって、「価値中立」という〝大義名分〟の下、この価値判断を避ける傾向が強くある。

それは、日本の宗教学の源流にあたる「岸本宗教学」にあるようだ。

岸本氏以降、いわゆる東大宗教学科出身の宗教学者は数多くいますが、岸本宗教学は、彼らの考え方の底流や基調を成しているものの一つだと思います。（中略）

生前の岸本氏は、「科学としての宗教学」を唱えつつ、「価値中立」という立場をとっていました。

要するに、宗教学に対して科学性を求めると同時に、価値の中立を主張し、「宗教の善悪等については触れない」というような立場をとったのです。

こうした傾向は、この人の孫弟子ぐらいに当たる宗教学者たちや宗教評論家たちにも出ていると思います。

最近は会っていませんが、私は、若いころ、宗教学者や宗教評論家にも少し会ったことがあります。彼らと話していて違和感を感じたのは、このあたりなのです。

『悲劇としての宗教学』14〜15ページ

価値判断を避ければ善悪はわからなくなるし、その結果、「善も悪もない」というアナーキー状態が創出される危険性がある。「オウム事件」の場合は、それどころか、オウムについて悪を善と見間違えたのだから、「学問」としての宗教学のあり方は再検証されなくてはならないだろう。

麻原以下、13名の死刑が執行されたことは、一つの悪夢の区切りとして大きな注目を集めたが、それをコメントする一部宗教学者や識者は、未だオウムの間違いについてわからず、善悪の見分けがつかないようである。

宗教においては、「信仰」や「教義」に踏み込んで、その価値判断ができなければ悲劇を生む。なぜなら、天国・地獄が引っ繰り返ってしまうからだ（注１）。だから、「**『悲劇としての宗教学』は終わらせなくてはなるまい。専門家であるならば、多少のリスクを背負って、善悪を一般人に教えなくてはならない**」のである（『悲劇としての宗教学』まえがき）（注２）。

価値判断を避ける宗教学は、限界にきている

これまでの「宗教学」は、客観的に宗教を捉えようとする学問として成立してきた。たとえば、宗教学の「宗教」の定義（仮説作業）は、「人間生活の究極的な意味をあきらかにし，人間の問題の究極的な解決にかかわりをもつと，人々によって信じられているいとなみを中心とした文化現象である。（中略）そのいとなみとの関連において，神観念や神聖性を伴う場合が多い」といったものだ（注３）。

あるいは、宗教学は、神そのものではなく、神を信じて生きている人間の生活のあり方を捉えようとするものという。つまり、宗教のうちの人間の生活現象として現れている側面のみを、宗教学の問題領域とするのである（注4）。

これらに共通していることは、「あらゆる宗教を公平に取り扱う」ことが宗教学の立場である、としていることだろう。公平に取り扱うとは、

①宗教学は、客観的に事実を問題にし主観的な価値判断は避ける。

②宗教を人間の生活現象の一局面として捉える。

③特定の一宗教ではなくて複数の多宗教を資料として取り扱う。

といった点を指している（注5）。その意味では、各宗教の信仰の立場から研究する「神学」「宗学」（宗乗）と呼ばれる学問体系とは、狭義の意味で区別される。

しかし、こうした立場からの学問的蓄積には十分敬意を払いつつも、もうそろそろ、その限界にも目を向ける必要がある。

HSUの目指す、「新しい宗教学」とは何か

ＨＳＵの宗教学で目指していることは、従来の宗教学を視野に置きながらも、本来の宗教学とはどうあるべきか、新しい時代に必要な宗教学とはどのように機能すべきか、すなわち、地球の宗教の根源に位置する、地球神エル・カンターレの眼から観た宗教学のあるべき姿を探っていくことである。

それはある意味で、新しい「宗教学」とは何かを問い直すことでもある。結論的に言うならば、「宗教」について、極めて正確に価値判断できる「幸福の科学教学」が、新しい「宗教学」そのものになるだろう、と考えているのがＨＳＵである。その理由を、まず、「新しい宗教学の条件」について、具体的に考えながら探っていきたい。

新しい宗教学の条件①　世界がわかり、世界が見える

宗教とは、人間の営みの根源にあるものだ。すなわち、宗教から文明・文化が創り出され、風俗・民族的習慣が形成される。その意味で、宗教を学んで宗教的常識を身につけるなら、世界各地に存在するさまざまな宗教を理解することができ、その国の人々の心を理解することができるはずである。

ということは、「宗教」を知れば、世界が見え、世界がわかるのである。すなわち「宗教学」とは、国際世界をつくっている心を知り、世界の真相が見え、わかるようになるための学問でなければならないのではないだろうか。これが、新しい「宗教学」の条件として挙げたい第一である。

新しい宗教学の条件② 世界の人々を愛する力を手にできる

第二に、世界の国の文化・風習を理解し、その営みを理解できることは、世界の人々を愛する力になるに違いない。相手を真に理解できれば、その人を愛することができる、と言われる。したがって、宗教を学ぶことで世界に目を開き、世界の人々を愛する力を獲得できることが、新しい宗教学の第二の条件となるだろう。こうした宗教的理解に基づいた「愛の力」こそ、未だ答えを見出せないでいる、宗教による争い、対立を克服していく道であるとの考えには、異論はないのではないだろうか。

今、日本人が世界で活躍していくためのグローバル人材になる武器として「英語力」は必須である。日本発世界宗教を目指す「幸福の科学」も、大川隆法総裁が説く次の教えにあるように、英語学習の重要性を理解している。

「一つの単語を覚えることが、／一人の人を救うことにつながると思おう。／文法を

学ぶことが、／救いの命綱を垂らすことだと考えよう。／国際人としての目覚めこそ、／新時代の悟りでもあるのだ。」（『信仰と人間　心の指針第十一集』50ページ）

「宗教」を知ることも、実は右の言葉と同じ心であると思う。世界の宗教について深く知ることは、英語と同じように、国際人としての目覚めを促し、全世界の人たちを理解し、愛することになるからだ。

これが、グローバル化した現代において、未来に生きる人間が求めるべき新しき悟りの一つでもあると言えるのではないか。すなわち、「新時代の悟り」としての「宗教学」の新しい価値と可能性を探っていくことこそ、新しい宗教学のミッションなのだ。

新しい宗教学の条件③　新時代の信仰の目覚めを与える学問

第三に、新時代の信仰の目覚めを与える学問でなければならない。宗教というと、過去数千年続いてきた伝統宗教をイメージするだろう。現実に伝統宗教を信仰するシェアは圧倒的に多い。しかし、それらの教えは、科学技術や政治・経済が発達してきた現代・未来社会を想定しているものではないために、もはや時代適合性を失っている。したがって、過去の宗教の研究だけでは、現代社会の問題に対する答えは出せないのである。その教義と現代性のギャップゆえに、伝統的信仰から離れていく先進諸国の若者が、世界的に増加しているという。

日本の宗教学に至っては、左翼思想や唯物的科学思想に屈して、神の存在や信仰を否定するような学問になっている。つまり、学べば学ぶほど、信仰心を失っていくのである。しかしその結果は、神仏の子としての崇高さを失った人間の動物化である。

ＨＳＵの学問の柱としている「幸福の科学教学」は、基本教義の「四正道」（愛・知・反省・発展の四原理）に示されているように、過去の伝統的宗教の本質とも一致しつつ、現代から未来社会に適合した新しい教えであり、現代社会の問題に答えを出せる内容を充分に有している。

その意味で、新しい時代を切り拓く信仰の価値を明らかにし、人々の心に信仰を取り戻す力となるものだ。

以上、新しい宗教学の条件を三つ挙げたが、その意味を一言で言うならば、「新しい宗教学」は、それを学ぶことによって「信仰」の目覚めとなり、「**宗教とは本当に素晴らしいもの**」（『宗教の挑戦』あとがき）であることに気づかせるものでなければならない。この「新しい宗教学」のミッションを、HSUの「宗教学」＝「幸福の科学教学」が担おうとしているのである。

そこで、HSUの宗教学の特徴を以下に述べてみたい。

２．ＨＳＵの「宗教学」とは何か①
――諸宗教を統合する学としての「宗教学」

各宗教の底流にある、一本の黄金の糸を発見する

まず、「諸宗教を統合する学」としての特徴である。

たとえば、ＨＳＵの宗教学では、「幸福の科学教学」を〝物差し〟としてさまざまな宗教を比較し「宗教とは何か」を探っているのだが、単に宗教の違いを違いのままとして終わらせるのではない、という探究姿勢にそれが現れている。経典（きょうてん）『黄金の法』には、このように説かれている。

過去にあなたがたが仏の子であり、光の仲間であったように、今も、そして未来も、あなたがたは仏の子であり、光の仲間であるのだ。憎しみを捨て、愛をとれ。違いを嘆かずに、仏性相等(ぶっしょうあいひと)しきを喜べ。

『黄金の法』まえがき

これは、幸福の科学発足当初から一貫した考え方である。宗教の違いによって、お互いを排斥し合うのではなく、その中に流れている共通の人類の遺産の部分、一本で貫かれている「黄金の糸」を発見する、という姿勢なのだ。

世界の大宗教と言われているもの、数千年の間、多くの人々の尊敬を受け、人々の心を揺さぶってきた宗教やその指導者たちには、何らかの形で仏の光が現れており、仏の光体としての輝きがある、と『太陽の法』には示されている。そのことに対する敬意を忘れず、その奥に流れる共通の黄金の糸である、地球神エル・カンターレの慈悲の御心を探っていくことに、ＨＳＵの「宗教学」の本質があると考えているのである。

宗教対立の解決に向けたアプローチ

また、宗教対立を克服する明確な思想を持っている点にも、諸宗教を分析する学としての特徴が現れていると言えるだろう。

もちろんキリスト教圏でも、宗教対立の解決に向け、特に近現代では、神学的、宗教思想的なさまざまなアプローチがなされてきた。その例の第一に、「宗教的寛容論」がある。18世紀イギリスの、経験論哲学者・啓蒙思想家であるジョン・ロックは「寛容についての書簡」において、おなじく18世紀フランスの百科全書派の啓蒙思想家であるヴォルテールは『寛容論』において、それぞれ、キリスト教の旧教と新教の争い、悲劇を戒め、より「理神論」的な唯一なる神への信仰を勧め、宗派間の融和を訴えた。

第二に、キリスト教包括主義が挙げられる。各宗教に対して寛容な態度、理解を示しつつ、イエス・キリストへの信仰の下、ゆるやかに統一していこうとする、キリスト教に足場を置いた統合概念である。

第三に、20世紀イギリスのキリスト教神学者であるジョン・ヒックの唱えた「宗教多元主義」が挙げられる。ヒックは、「自我中心から実在中心への人間存在の変革」を唱えた。キリスト論や三位一体論から一歩踏み出し、神の啓示には多元性があり、「神は多くの名前を持つ」こと、すなわち、「キリスト」中心から「神」中心へと移行し、他の偉大な世界宗教と共に、究極的に同一の神的実在のまわりを回っている、という認識の「コペルニクス的転回」の必要性を訴えた（注6）。

「幸福の科学教学」を軸にした「宗教学」は、いわば第四のアプローチにあたるだろうか。

しかしこれは、第一～第三の概念をはるかに超えた、まったく新しいアプローチと言えよう。

大川総裁は、１９９０年11月に行われた講演会「未来への聖戦」の中で、すでに、この宗教対立の克服という世界問題の解決指針を明確に示されている。

もっと根源的なる理由として、相互の理解ができないということが原因となっています。

理解できない原因は、文化に共通項がないことが多いからです。共通の言語、共通の文化、共通の行動様式を持たないところに不信が生まれます。そして、相手の考えが理解できないところから憎しみが生まれ、争いが生まれてきます。これも戦争の大きな大きな原因のひとつです。

これをなくしてゆくためには、人類共通の文化とでも言うべき価値基準が、どうしても必要になるのです。今までのキリスト教文化圏だけでは世界を包摂できません。それは二千年の歴史が証明しています。

『神理文明の流転』１６４〜１６５ページ　※傍線は筆者

儒教、キリスト教、仏教、イスラム教といった諸宗教を超えた全地球的な価値観をつくって、世界中に浸透させるということです。この価値観、文化が共通の言語の代わりになるのです。これをつくらない限り、どうしても世界はひとつにはならないのです。

前掲書、168～169ページ　※傍線は筆者

そのためには、一見遠回りなようにも見えますが、世界の多様なる価値観について、歴史を超え、文化を超え、民族を超え、言語を超えて、唯一なる神の理念から降りているところのその多様性を説明しきり、それをさらに統合する努力こそが必要なのです。

前掲書、170～171ページ　※傍線は筆者

地球人口100億人に向かい、ますます世界は多元化していく。さらに、一見文明的優位に立っているキリスト教的価値観ではもはや世界を包摂できない、とするならば、もはや既存の宗教に寄ることはできまい。

『中世ヨーロッパ史』や『ヨーロッパの形成』などを著した歴史家のクリストファー・ドーソンは、ヨーロッパを形成した文化の根底には、キリスト教的価値観があったこと、社会や文化をつくってきた原動力は宗教であり、宗教がその中心であるということを述べている。しかし、キリスト教も、他の宗教も新しい地球時代を担えないとすれば、まったく新しい世界宗教による、新しく創造された文明の力こそが、全世界、地球全体の未来を拓くための唯一なる鍵である、と考えるのが筋である。

宗教・民族間の対立をなくすための視点①

神には格の違いがあることを知る

では、この新しい宗教学は、宗教対立についていかなる解決指針を示せるのだろうか。

宗教・民族間の摩擦(まさつ)・対立には、その背景となる宗教の神概念の相違がある。したがって、その対立を乗り越えるための第一は、なぜ、神に違いがあるのか理解する視点が必要になると思う。

『正義の法』の中で、大川総裁は、民族神と国同士の戦争の背景について、次の点を指摘している。

●普遍的な神として全人類を愛する神ならよいが、一民族だけを護る一神教を他の民族にも信じさせるのは、合理的ではない。

●その国の人々を豊かにし、正しく導くための民族神はいる。その中で、列強国が増えてくると文化的摩擦、競争が起きてくる。
●それが度を超した場合、戦争が起きることがある。

『正義の法』２７９〜２８０ページ参照

つまり、神には格の違いがあり、すべての神が全知全能の存在ではなく、能力（霊格）の違いによる力の差がある、という現前たる事実を知ることが重要である。たとえば、日本神道にある氏神、産土神（うぶすながみ）のような小さな地域の神、民族神、グローバルな神、創造主には、各々力量の差がはっきり存在するのである。

また、ユダヤ教の神「ヤハウェ」は、イスラエル、ユダヤ民族のみを導いている「民族神」であり、創造主ではない。つまり、民族神への信仰によって、グローバルな神や創造主のように他の民族に振る舞えば、当然衝突するのである。

宗教・民族間の対立をなくすための視点②

神には役割（仕事）の違いがあることを知る

第二は、神に役割の違いがあることを知ることである。同じような力を持たれた神であっても、得意分野や仕事の役割に違いがあり、それが神の性質を異なったものとしている、という観点からの理解である。「幸福の科学教学」では、これを「仏の七色光線」の教えによって明確にしている（図表①）。

たとえば、九次元大霊でも、各々が違う役割を持たれており、さらに、八次元以下では、その光の性質の違いがさらに細分化されているのである。

〈図表①「仏の七色光線」〉

仏の七色光線	光線の働き
黄色	仏陀。法の色であり、教えの要素が非常に強く出ている。仏教がこの光線下にある。ただし、黄金光線は七色全部に関係がある。
白色	イエス・キリスト。愛の色。救いを中心とした色。キリスト教、医療系などがこの光線下にある。
赤色	モーセ。正義色。法を護るための戦い「法戦」を示す。政治系などはこの光線下にある。
紫色	孔子。礼節、秩序を重んじる色。儒教、日本神道がこの光線下にある。
青色	ゼウス、マヌ。思考、理性の色。思想、学問、哲学がこの光線下にある。
緑色	マヌ。ゾロアスター。調和、自然色。老荘思想などは、この光線下にある。
銀色	ニュートン。科学の色。近代の科学技術なども、この光線下にある。

（『永遠の法』第６章、『信仰論』第５章など参照）

宗教・民族間の対立をなくすための視点③
時代性・地域性による教えの限界を知る

第三は、時代性・地域性による教えの限界を知ることである。『太陽の法』には、次のように説かれている。

> 世界的大宗教とされているものは、なんらかの形で、すべて仏の光のあらわれだといえます。ちまたの新興宗教はともかくとして、何百年、何千年にもわたって、人々の心を揺さぶってやまない宗教において、人々の尊敬を集めて、そのおとろえることを知らない指導者たちの人生には、仏の光体としてのひとつの輝きがあるのです。ただその輝きは、教えの説かれた時代環境と、民族、風土によって、多少とも異なった色彩をおびております。
>
> 『太陽の法』１９４ページ

この「異なった色彩」が現れる特徴として、次の二点を挙げておきたい。

◇地理的条件と信仰形態の現れ方の相関関係による限界性

結局、車には小型車、中型車、大型車があって、いわば小乗と大乗があるように、宗教の教えにも、それぞれの好みや風土、土地柄に合ったものがあるということなのです。

すなわち、砂漠地帯のように、闘争と破壊が中心である地においては、「裁きの神」というかたちで神が現れて、正義を教える必要がありましたが、東洋のように温和な地帯においては、調和を教える必要があったということです。

『永遠の法』266ページ　※傍線は筆者

〈図表② 風土と宗教の関係〉

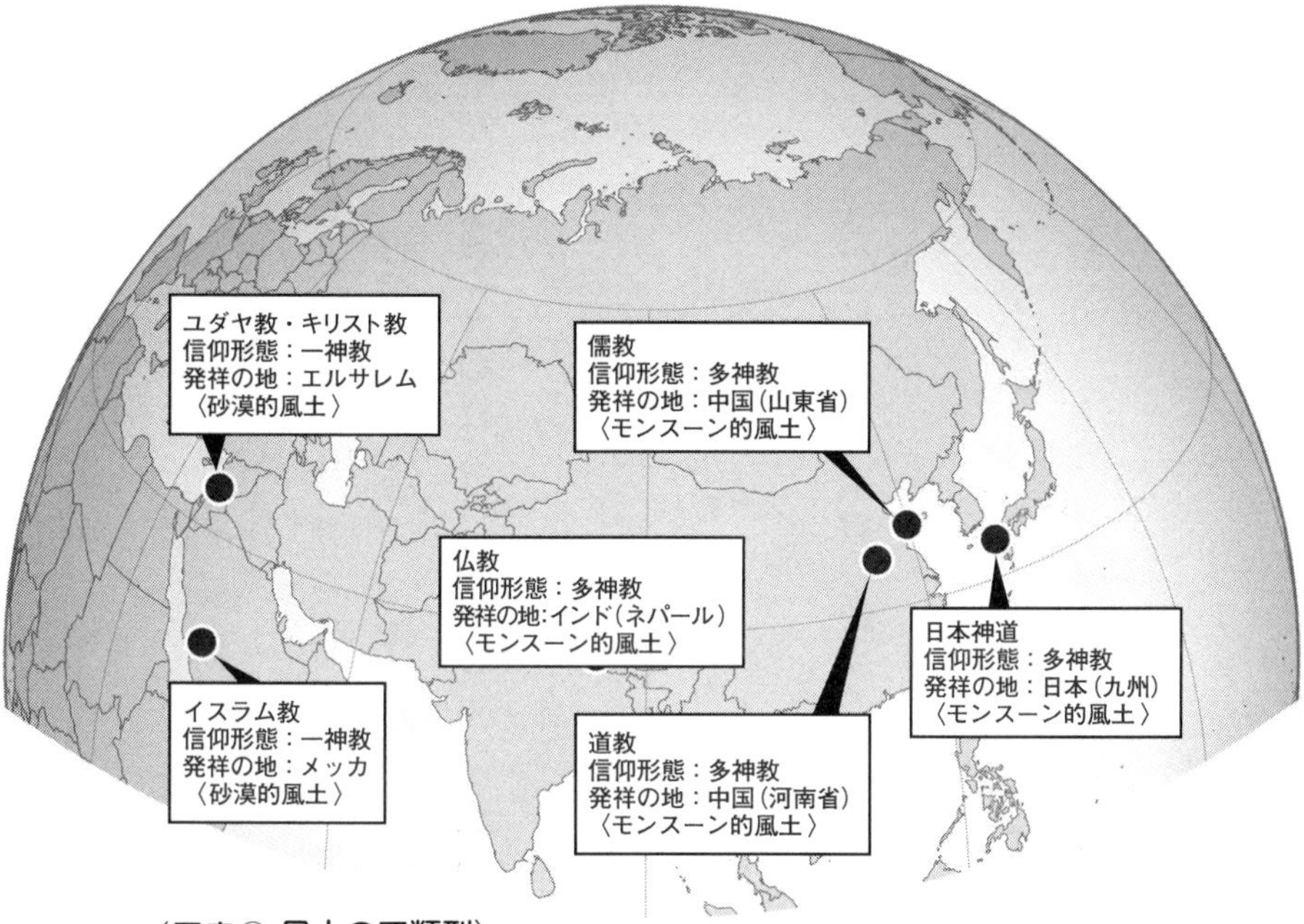

〈図表③ 風土の三類型〉

風土の三類型	特　徴
モンスーン的風土	特徴は「暑熱と湿潤の結合」。インドやシナ、日本などが含まれ、多神教、汎神論的思想に影響を与えている。
砂漠的風土	特徴は、「乾燥」。アラビヤ半島周辺など過酷な自然と対抗する人間の全体性が自覚された人格神的な砂漠の神（部族の全体性を表現する唯一の神）で、ユダヤ教、キリスト教、イスラム教が発生している。
牧場的風土	特徴は、「湿潤と乾燥の総合」。ギリシャ・ローマ・スペインはアーリア族中心で、ローマ・カトリックが圧倒的多数。西ヨーロッパはケルト族、ゲルマン系人種で、プロテスタントの色彩が強い。東ヨーロッパはスラブ系民族で、東方正教が多数。

（和辻哲郎著『風土』岩波文庫／呉善花著『日本人として学んでおきたい世界の宗教』PHP研究所参照）

和辻哲郎は、『風土』（岩波文庫）において、気候風土と世界の諸宗教の独自の性格との関係について考察している。モンスーン・砂漠・牧場の三類型を設定し、各地域と民族・文化・社会の特質を浮き彫りにする試みである。たとえば、「モンスーン的風土」の特徴は、「暑熱と湿潤の結合」であり、インドやシナ、日本などが含まれ、多神教、汎神論的思想に影響を与えていること、「砂漠的風土」の特徴は、「乾燥」であり、アラビア半島周辺など過酷な自然と対抗する人間の全体性が自覚された人格神的な砂漠の神（部族の全体性を表現する唯一の神）で、ユダヤ教、キリスト教、イスラム教が発生していることなどである（図表②③）。

◇民度のレベルと宗教の教えの特徴の相関関係による限界性

宗教には、大きく分けて二つの種類があります。一つは、悟りの道を説く宗教です。もう一つは、救済の道を説く宗教です。このように「悟りの宗教」

と「救済の宗教」があります。（中略）
宗教にはこの二つの定点があって、どちらに重点が移るかによって、その色彩が変わってきます。
それは、その時代の人たちの置かれた状況と非常に関係があります。その時代の人たちに危機的な状況が起きていて、彼らが、みずからの力で、みずからを救えないような状況にある時には、救済の宗教が中心として説かれることがあります。しかし、みずからの力によって、みずからを救っていけるような、ある程度、高い文化が起きている時代であれば、自力型の宗教、悟りの宗教が中心的に説かれていきます。

『宗教選択の時代』２０６～２０８ページ　※傍線は筆者

たとえば、釈尊の時代のインド、孔子の時代の中国など、文化的高みがあり教育レベルが高い場合は、自力を中心とした「悟りの宗教」が説かれ、イエスの時代のイスラエルや、戦乱などで国土が荒廃し、民度、教育レベルが低い場合は、他力型の「救済の宗教」が説かれるのである（前掲書、２０８〜２０９ページ参照）。

あるいは、イスラム教は、唯一なる神への絶対帰依を中心としているので、「絶対的他力信仰」に近い性質を持っているが、イスラム文化・文明が発達するに及んで、「スーフィズム」のような神秘性を求める「悟りの宗教」「自力主義」的側面も顕れてきている（注７）。このように、時代環境の違いによって、真理の顕れ方が変化している。つまり、同じ地域であったとしても、時代が変われば環境も変わり、当時の教えのままではもはや適応できなくなるのである。

その意味では、９・11のテロ事件より国際問題として顕著となっている、イスラム教の「現代社会との不適応」は、強い原理主義的傾向から旧い体質を変えられない（イノベーションできない）点に原因が求められる、と言えるだろう。

こうした「神の格」「神の役割」の違いを理解し、「時代性・地域性による教えの限界」を知ることは、同時に次の認識をも示している、と「幸福の科学教学」では考えている。

すなわち、多様な神々を超え、それらの神々をこの地に降ろされ、統べておられる至高神・地球神がおられるということだ。地球神エル・カンターレによる壮大な世界計画・地球マネジメントを知るということなのだ。

このように、グローバル化した地球時代の「新しい宗教学」は、地球神の人類に対する慈悲の御心を見抜き、さまざまな宗教の存在の意味＝世界の諸宗教を統合する鍵を示すことのできる学問でなければならないだろう。

3．ＨＳＵの「宗教学」とは何か②

――諸学問を統合する学としての「宗教学」

学問の原点から問い直す、「幸福の科学教学」

次に、「諸学問を統合する学」としてのＨＳＵの宗教学の特徴を考えてみたい。現在、宗教と学問の関係は、学問優位の立場から論じられることがほとんどだ。その理由として、学問は「客観性」「反証可能性」を有するという科学的立場に立っているからだという。

しかし、幸福の科学教学では、宗教は諸学問の上にあるものと考えている。前述したように、「宗教が文明・文化を支える基礎である」ならば、宗教がすべての基にあって、そこからさまざまな学問、文化が派生してきている、と言えるからだ。

この関係について、実際に、学問の祖であるソクラテスは、学問や哲学をどのように考えているのか、現在のお考えを確認するのが近道であろう。

ソクラテス （中略）われわれの考えは、「学問っていうのは、もともと、神様が創られた世界の真理を明らかにすることだ」というものです。これが学問の定義です。「神様が創られた世界の真理を明らかにすることが学問である」ということです。

この地上においては、いろいろな被(かぶ)り物や覆(おお)い物があって、あるいは、砂や埃(ほこり)にまみれたり、布きれで巻かれたり、衣装を着ていたりして、いろいろな物で隠されていることが多いので、その覆いをどうやって取り除いていくか。そして、真実に到達していくか。これが学問であるという考えですね。

『ソクラテス「学問とは何か」を語る』27～28ページ

ソクラテスを学問の祖とするならば、学問の始まりは「対話」にあるとも言える。ソクラテスにとって、この「対話」こそ、「無知の知」を知らず、ニセモノの知識を振り回しているソフィストたちの虚飾の覆いを取り除き、真理を明らかにしていく「知的作業」であったのだ。別の言葉で言えば、ソクラテスの有名な言葉にある「産婆術（さんばじゅつ）」が学問である、ということだろう。

ソクラテス　（中略）ある意味においては、学問とは「産婆術」でもあるわけで、まあ、哲学とも同義かと思いますけれども、哲学っていうのは、哲学自体というプロセスがあるんじゃない。母親が赤ん坊を産むときに、産婆がそれをお手伝いする。本来、自分で産み落とす力はあるんだけれども、それを介添（かいぞえ）えして、手伝って、産湯（うぶゆ）を使わせて、取り上げる。このお手伝いをするところが、「学問の機能」だと思うんですね。

赤ん坊そのものは、学問をつくることはできないんですよ。それは、つく

るものではなくて、存在しているものなんです。もうすでに、この宇宙に存在している真理を、どのようにして発見するかということなんですね。

『ソクラテス「学問とは何か」を語る』26〜27ページ

学問は、真理そのものをつくり出すことはできない。宇宙に存在している真理を取り出す「産婆術」が「学問の機能」である。しかし、現代では、「学問は真理をつくり出すことができる」と考えているかのようである。このように考えると、神に近づいたという人間の傲慢（ごうまん）さを象徴する「バベルの塔」が、現代の学問の姿に見えてくるのは、私だけではないだろう。

これに対し、信仰を中心に組み立て、神様が創られた世界の真理を明らかにすることが「学問」の定義である、という原点から問い直そうとしているのが、幸福の科学教学であり、ＨＳＵの宗教学なのだ。

科学・学問・宗教の接点

ただし、信仰を中心にした新たな宗教学は、既存の学問を拒絶するものではない。既存の科学、学問との接点を充分に備えているものである。

たとえば、科学の本質を宗教的に解釈するとすれば、「幸福論」として説明できる。科学の場合、科学技術によって、皆同じ体験ができ、幸福を味わえるようにしている点において、客観的「幸福論」がその根柢にあると言えるからだ。宗教と科学は、この「幸福論」において一致する（参考：1990年上級セミナー「『ニュートン霊示集』講義」）。幸福の科学教学においても、幸福論としての科学は、仏の七色光線の一つである「銀色光線」として位置づけられている。

また、哲学・学問の光線である「青色光線」も、宗教、科学と同様に、「幸福論」としての共通点がいくつかある。

第一は、人間の「認識の束縛」を解く力を果たしている、という点だ。人間には、

「理解できないために気づかない」という「認識の束縛」がある。これがあると、新しい発見、進歩、発展ができない。自分も世界も変わらなくなってしまう。科学や学問には、この認識の縛りを取り、人間が本来持っている、もっと大きな力を発揮させる役割が期待されている。

第二は、「客観性」を求める、という点だ。科学が、「利便性」を通した幸福感を、より多くの人に体験させる機能を持っているように、哲学・学問の本質にも、多くの人に学問を通した幸福感を享受できる機能を持っている面がある。（参考：『大川隆法霊言全集　第50巻』）

「相違点」としては、宗教は、大いなる高次元からその光、真理をストレートに「信じよ」と降ろしてくるものだが、哲学はその逆で、この三次元を足場として、下から上へ積み上げていって神の世界まで到ろうとする、という点である。ここに求められているものは何かというと、「論理性」である。つまり、宗教の難点である、いきなり結論に飛躍していく「信仰」を、いかにして理論的、論理的に詰めていくか、という「努力」に哲学・学問の本質があると言える。

ソクラテスは、これを「対話」というスタイルで行ったわけだ。一つひとつ、真理の理解、事実について相手に確認し、議論を進めていって、真実を明らかにしているのである。

このように、「学問」の本質には、「整然たる説明を他の人にでき、納得させることができる、筋道だった考え方」がある。これが、ある程度ジャンルに分けられて、教育に耐える段階になって、「学問」となっていった。（参考：『幸福の科学原論②』）

幸福の科学教学は、宗教と学問がすれ違う原因ともなっているこの相違点を接続する機能を有している。すなわち、仏法真理を多くの人が学ぶことができるように、テキスト化を試みている点だ。大川総裁は、こうした姿勢を教団の初期（1980年代）から打ち出されている。

私は、さまざまな本を通し、主として霊的な人生観の確立に向け、情報の

提供をしてきましたが、「霊的な人生観を獲得するための情報として、一つの学問の対象にでもなるかのようなかたちで仏法真理が教えられた」ということは、かつてなかったのではないかと思います。

いま、私は、勇気を奮って、仏法真理のテキスト化を進めています。「それを学ぶことによって、多くの人が、少なくとも、人生の指針を得たり、考える力を得たり、自分自身の問題を解決するための方向を得たりする」ということを目指しているのです。

私は、本来、仏法真理というものも、そういうものでよいと考えています。

『幸福の科学とは何か』13〜14ページ

たとえば、従来の宗教であれば、内部の信者向けとして説かれるような密なる教えも含め、そのほとんどを、説法、公開霊言、経典という形で一般公開していることも、学問の対象となり得るテキスト化の試みと言えるだろう。また、それを解説しているＨＳＵテキストもそれに含まれるだろう。

ソクラテスの生き方から考える、宗教と学問の関係

ここまで、宗教と学問が拒絶し合うものではないことや、幸福の科学教学が両者を包含していることを述べた。つまり、宗教と学問は本来切り離せるものではない、ということだ。

そもそも、「学問の祖」と言われるソクラテスの生き方に回帰すれば、宗教なくして学問は成り立たないことは明らかだ。たとえば、ソクラテスは「最高善」を目指して「よく生きる」ということを説いていたはずである。その本質的意味は、いったい何だったのだろうか。これも、ソクラテス自身による、現代人に向けたメッセージから、確認しておこう。

ソクラテス　（中略）「哲学とは何のためにあるか」ということですけど、やっぱり、「善を求めること」ですよ。徹底的に善を求めることなんです。「善を求める」ということが、結局、「幸福の基(もとい)」なんです。

そして、「人間が幸福になる」ということはどういうことかと言うと、やっぱり、「善を求めて生きる」ということなんですよ。善を求めて生きることが幸福なんです。これが、哲学が、人間を幸福にするためにあるものだということなんです。

だから、善を求めて生きる、「その善とは何か」ということを探究していくのが、「愛知者(あいちしゃ)の使命」であるわけですね。

『ソクラテス「学問とは何か」を語る』63ページ

では、「善悪」の判断の根拠は、どこに求めるものなのか。続けて、ソクラテスのお考えを見てみよう。

ソクラテス　（中略）「これが善だ」ということを見分けていくときには、やっぱり、〝凡百の人〟では、そう簡単には分かりませんから、指導者、霊覚者、悟りたる者、あるいは、グル（導師）といわれるような人が必要になってきます。そういう、「選ばれし者」がいなかったら、基本的には、善悪は分からない。

だから、今、伝えられている善悪はすべて、「救世主」とか「預言者」とか、あるいは、何らかの、そうした「学問的な祖」に当たるような人たちがつくり出してきたもの、彼らが唱道して、みんなが受け入れてきたものだと思いますね。

前掲書、63〜64ページ

「選ばれし者」「救世主」「預言者」としては、たとえば「釈尊」や「モーセ」

「イエス・キリスト」といった、偉大な宗教指導者は外すことはできない。ソクラテスが指し示す「善」の本質とは何か。

ソクラテス（中略）「最高善とは何であるか」っていうと、それこそ、「神の存在」に行き当たるわけです。

やっぱり、神が存在してくれなければ「最高善」は存在できないわけで、それに、より近づいていこうとすることが、よりよく生きることであるし、より近づいていこうとする努力自体が、「善を求める行為」なわけですね。

哲学はそれを求めているわけであって、まあ、道徳よりも上位概念であることは間違いありませんけれども、基本的には、宗教と矛盾するものであってはならないのです。

前掲書、67～68ページ

ソクラテスの考えていた「よりよく生きる」とは、「最高善」を目指して生きることであり、この「最高善」こそ神である。その意味で、宗教と矛盾するものではないのである。現実に、ソクラテスは、神から託された使命を実現するために、こういう生き方をしていた。だから、そもそも信仰や霊的なものを否定しては、ソクラテスの哲学や彼の人生は成り立たないだろう。自らの守護霊・ダイモンの導きにしたがって生き、死刑になった人がソクラテスであり、これは歴史的事実だ。

これが、学問の祖の姿だとしたならば、学問の出発点には、神への信仰、霊的生き方があったのである。

幸福の科学教学は、諸学のプラットフォーム

大川総裁は、さらに、この奥にある宗教と学問の関係について、次のように説かれている。

仏から出てきた、いろいろな教えが、時代を経るにつれて、哲学になったり、思想になったり、宗教になったりしてきました。最近では、科学や医学、経済学にもなってきたでしょう。法律学も、その根源には宗教的なるものがあり、その元は仏の意志にあったとも言えましょう。

『幸福の科学とは何か』14ページ

すなわち、学問の出発点に神への信仰があった、というよりも、仏が説かれた教えが学問の源であったのだ。

それは、2500冊を超える経典群（2019年1月現在）は言うに及ばず、100冊近く刊行されている「幸福の科学　大学シリーズ」（2019年1月現在）の内容が、学問領域全般をカバーしていることを見ればわかるだろう。

その意味において、仏の意志を諸学に具体的に展開していくための、諸学の「プラットフォーム」化を目指しているのが、ＨＳＵの宗教学、幸福の科学教学でもあるのだ。

4．学問としての「新しい宗教学」の使命

最後に、本論考のまとめとして、学問としての「新しい宗教学」の使命とは何か、2点ほど挙げておきたい。

第一に、学問としての「新しい宗教学」は、現代の常識を逆転させ、宗教の積極的価値を説くものでなければならない。あるいは、信仰や宗教の価値を守る防波堤とならなければならない。特に、現在の学問の現状を見たときに、そのミッションの遂行は急務である。

お寺の跡継ぎの息子さんが、仏教系の大学に行くこともあれば、神社の場合、神道系の大学に行くこともあると思います。しかし、そのなかで教えていることは、信仰心のある教義ではありません。むしろ、信仰心をなくし、価値

判断ができなくなるような〝洗脳教育〟がなされているのです。

例えば、「神様、仏様はありますか」と訊いたら、「あるかもしれないし、ないかもしれないし、あるようであって、ないようである」という感じで答えます。同じく、「信仰心は要るのですか」と訊けば、「要るようでもあって、要らないようでもある」。「あの世はあるのですか」と訊けば、「あるようでもあるし、ないようでもある」。「魂はあるのですか」と訊けば、「あるようでもあって、ないようでもあるし、あるともないとも、どちらとも言えない」と答えるわけです。

このように、全部、価値判断から逃げているのに、学問が成り立っています。はたして、これが本物の学問でしょうか。私は、どう考えてもおかしいと思います。

哲学にしても、そうでしょう。完全に判断から逃げています。

元祖のソクラテスやプラトンは、「魂の存在」や「あの世の存在」をはっきりと肯定し、それが本のなかにも書かれているにもかかわらず、どうやら今の学者には、そこだけ活字が〝読めない〟らしいのです。そこだけ飛ばして、関係のないところだけを読んでいるのかもしれませんが、まことに不思議だと思います。

しかし、「選択する」ということは、実は、ある意味での判断をしているのです。つまり、「責任がかかるようなことは避ける」という判断をしているわけです。

そういう意味では、学問のほうも、かなり崩壊が進んでいるでしょう。「学問的崩壊」が起きているのです。

『正義と繁栄』１４４〜１４６ページ

では、こうした「学問的崩壊」が、なぜ起きているのだろうか。

私は先に、宗教は文明・文化の源にあるものであり、諸学全般、この世の営みの上位概念であると述べた。そうであるならば、その〝学〟たる「宗教学」も、本来、学問の中の王者たるべきであり、神仏の心によって諸学のあるべき姿を映し出す鏡でなければならない、と考える。また、諸学の〝もとなるもの〟、「万学の祖」でなければならない、と思うのである。

つまり、現在の学問の崩壊現象は、「宗教学が、〝価値判断のための鏡〟としての本来の機能を果たしていない」ために起きていることでもある、とも言えるのではないだろうか。

第二は、「新しい教養」となり得る「宗教学」であるべきだろう。私は、幸福の科学教学が「新しい教養」としての「宗教学」を担う可能性を十分に秘めている、と考える。

幸福の科学は、「信じれば、すべて終わり」というような宗教でもありません。

現代の宗教学者なども、幸福の科学の特色について、「これは『教養宗教』である」と、はっきり言っています。現代において、「教養宗教」と言えるような宗教は、実は、幸福の科学しかありません。「宗教の勉強をしながら、同時に、いろいろなことが勉強できる」という宗教は、ほかにないのです。

また、「古い時代のことは分かる」という宗教はありますが、「現代のことも同時に分かる」という宗教は当会以外にないと思います。幸福の科学は、政治や経済、法律論など、何から何まで出てくる宗教であるため、「教養宗教」と言われているのです。

『教育の使命』１４５～１４６ページ

「何から何まで出てくる」教養宗教とされる幸福の科学教学は、当然ながら万学に開いた体系を有している。そして、諸学の過去の学問的遺産に対して価値判断ができると同時に、現代から未来社会へ学問の方向性をも示すことができる、まさに「先進学問」だ。だからこそ、諸学の統合が可能となるのである。

その意味で、これからの「宗教学」は、その使命として、「諸学のあるべき姿を照らし出す鏡」「未来ビジョンを示すナビゲーター」となる責務を担えなければならない。この条件を満たすものが、「幸福の科学教学」である、と私は考える。

（注1）『人生成功の秘策』には、「オウム問題の本質」として、信仰・教義・修行などの「宗教としてのオウムの間違い」を理論的に指摘し、破折している。
また、死刑執行直後、大川総裁の下に霊として現れた、麻原の公開霊言を収録した『麻原彰晃の霊言』では、「仏教の基本的教義を理解していない実態」や、「オウム事件についてまったく無反省な態度」など、彼の深層心理が明らかにされ、「無間地獄」行きが確定した様子が示されている。
（注2）大川総裁は、宗教学者に対して、「宗教学者を十把一からげにしてはならないので、一点申し添えておくとすれば、東大の宗教学の教授（当時、助教授）の島薗進氏は、九〇年代の初め、つまり、一九九五年のオウム事件の二～三年前に、著者に会って、個人的に、『オウムは間違っている。』とうめくように述べられたことを書き添えておく。他の同僚たちより見識が進んでいることを知り、かすかにホッとしたことを憶えている」（『悲劇としての宗教学』まえがき）と述べられ、公平な見方を示されている。
（注3）岸本英夫著『宗教学』（大明堂）17ページ／櫻井義秀・平藤喜久子編著『よくわかる宗教学』（ミネルヴァ書房）6ページ
（注4）脇本平也著『宗教学入門』（講談社学術文庫）
（注5）脇本平也著『宗教学入門』（講談社学術文庫）
（注6）ジョン・ヒック著『増補新版　宗教多元主義』（法藏館）／J・ヒック著『神は多くの名前をもつ』（岩波書店）
（注7）井筒俊彦著『「コーラン」を読む』（岩波現代文庫）

【参考文献】

大川隆法著『悲劇としての宗教学』（幸福の科学出版）
大川隆法著『人生成功の秘策』（幸福の科学出版）
大川隆法著『麻原彰晃の霊言』（幸福の科学出版）
大川隆法著『心の指針第十一集　信仰と人間』（幸福の科学）
大川隆法著『宗教の挑戦』（幸福の科学出版）
大川隆法著『黄金の法』（幸福の科学出版）
大川隆法著『神理文明の流転』（幸福の科学出版）
大川隆法著『永遠の法』（幸福の科学出版）
大川隆法著『信仰論』（幸福の科学）
大川隆法著『正義の法』（幸福の科学出版）
大川隆法著『太陽の法』（幸福の科学出版）

大川隆法著『宗教選択の時代』（幸福の科学出版）
大川隆法著『ソクラテス「学問とは何か」を語る』（幸福の科学出版）
大川隆法著『大川隆法霊言全集　第50巻』（幸福の科学）
大川隆法著『幸福の科学原論②』（幸福の科学出版）
大川隆法著『幸福の科学とは何か』（幸福の科学出版）
大川隆法著『正義と繁栄』（幸福の科学出版）
大川隆法著『教育の使命』（幸福の科学出版）
岸本英夫著『宗教学』（大明堂）
櫻井義秀・平藤喜久子編著『よくわかる宗教学』（ミネルヴァ書房）
脇本平也著『宗教学入門』（講談社学術文庫）
ロック他著『世界の名著　27』（中央公論社）
ヴォルテール著『寛容論』（中公文庫）
ジョン・ヒック著『増補新版　宗教多元主義』（法藏館）
J・ヒック著『神は多くの名前をもつ』（岩波書店）

フレデリック・ルノワール他著『神』（春秋社）
和辻哲郎著『風土』（岩波文庫）
呉善花著『日本人として学んでおきたい世界の宗教』（ＰＨＰ研究所）
井筒俊彦著『「コーラン」を読む』（岩波現代文庫）
渡部昇一著『名著で読む世界史』（扶桑社）

第3章

人間幸福学としての未来哲学

本来の哲学から未来のあるべき哲学へ

Itoh Jun
伊藤 淳

はじめに——本稿の意図

現在の文科省主導のアカデミズムでは、年々文科系の学部を縮小する方針に傾いており、即戦力として使える理系的な実学重視の傾向が強くなっている（注1）。中でも最も実用性の薄い哲学科は、無用の存在として一番先に排除されそうな趨勢だ。

過去の時代においても「哲学無用論」が喧伝されたことは何度かあったが、そのつど哲学の精神が復興し、新しい文明文化の原理の担い手となってきた（注2）。私は、哲学無用論が問われる現代においてこそ最も必要なものが本来の哲学の精神であると考える。

ただ、現代に横行しているところの「哲学」＝現代思想は、もはや本来哲学がその名で呼ばれたところの精神とまったく逆のものになっていて、彼らが時折自称するように「反・哲学」と言うべき伝統的価値破壊の惨状を呈している。無論、どんな学問・思想でもその時代時代の要請に合わせて改善すべきポイントはあろうが、同時に決して変えてはならない万古不易（ばんこふえき）の根本理念というものもあるはずだ（注３）。

本稿の意図は、現代において見失われつつある本来の哲学の原点に回帰し、その精神を復興することで、かえって未来にあるべき哲学の方向性（＝ＨＳＵにおいて展開すべきエル・カンターレの教えに基づいた哲学）を世に問わんとするものである。

1. 原点回帰：人間性の解放

広義の哲学思想は、歴史的に見ても洋の東西を問わずに、いつの時代にもどのような地域にも見て取ることができるが、本来の字義通りの哲学＝愛知の学フィロソフィア（philosophia）は、古代ギリシャにおいてのみ発生した（注4）。

古代ギリシャは、一般的に言っても、人間性が豊かに、生き生きと解放された〝自由〟な時代であったと言われる。それは、キリスト教的な価値観によって一元的に統制され、とかく人間的な価値が抑圧されがちだったとされるヨーロッパ中世に対して、ルネッサンス期において、人間性の解放を旗印にして古代ギリシャの文芸文化を復興せんとしたことからも明らかであろう。古代ギリシャでは、神話に見るがごとく、神々が、とても人間的で親しみ深く、また人間が神に近く、その持てる資質をのびのびと発揮していた。

特に、賢人政治家ペリクレスの治世下（BC460‐BC429）において、さまざまな学芸（学問や芸術）が百花繚乱（ひゃっかりょうらん）と花咲く民主政治の黄金時代を迎えたが、この時代において哲学の精神も本格的に発動し、諸学の元となって、後の知性・理性を基軸にした西洋文明の濫觴（らんしょう）をなした。この古代ギリシャに哲学が発生したのは、決して偶然のことではない。まるで人知を超えた天意が地上に降りたとしか言えないような歴史的な必然をもってこのギリシャ、特にアテナイの地に哲学の精神が発揚し、広がってさまざまな分野で奇跡のごとく天才的な人材を輩出し、文明の高みを創り、古代・中世・近代・現代とさまざまに色彩を転じつつも変わらない哲学思想の黄金の糸を鮮やかに紡いでいったのである。

以下、その哲学発生の真因をいくつか探ってみよう。

(1) 純粋な智への愛⇕プラグマティズム

いわゆる文明の利器と言える古代的な諸技術の蓄積は、ギリシャ文明を待たずして先進のエジプト文明においても十分に発達していた。歴史家ヘロドトスによって〝ナイルの賜物〟と謳(うた)われたエジプト文明の繁栄は、定期的なこの大河の氾濫(はんらん)を予測し、制御するための天体観測術や測量技術によって支えられていた。自然の猛威を人間の便益に変えてしまうだけの文明力の圧倒的な知恵の厚みには十分に敬意を表すべきだが、まだそれは純粋な学問への志向と言うより現代で言うところの功利的な関心に留まっていた。そうした実用的な効用を超えて純粋に哲学・学問への愛好とその研鑽(けんさん)へと昇華されたのは、古代ギリシャ文明においてである。

アリストテレスの『形而上学』では、諸学の王者としての第一等の学問＝第一哲学(形而上学)の特徴の一つとして、実用性を超えて、その学問自体を研究目的とする学問的自律性を挙げている。「これら諸科の学のうちでは、その学それ自らのゆえに望ましくまたその知ることそれ自らのゆえに望ましい学の方が、それのもたらす効果のゆえに望ましい学よりもいっそう多く知恵であり、また、いっそう多く王者的な学の方が、これに隷属する諸学よりもいっそう多く知恵であると解されている」（注５）として、エジプト的な実用の技術体系よりも、ギリシャ的な観照的な純粋学問としての哲学の優位を説いているのである。

むろん、古代ギリシャの自由民たちの自在闊達な知的活動を支えるものとして古代的な民主政体とそれを支える奴隷制度を挙げることもできるだろし、オリエント的、専制的な大帝国の形成を不可能にし、個人的で自由な活動を喚起するような地理的な条件などを指摘することもできるだろうが、それは歴史的な事象を説明する必要条件に触れたに過ぎない。一時代に大いなる時代精神が勃興し、大挙して諸天才や偉人たちが輩出し、文明の高みを創るには、ヘーゲルの言う「世界精神」の指導や孔子が崇拝した「天帝」の見えざる導きのようなものを想定しないことにはとうてい説明がつかないことではないだろうか（注６）。

（2）知性・理性による抽象化と普遍性

古代ギリシャにはじめて哲学の精神が興隆する以前においても、世界各国に見られるような民族神話体系やオルフェウス教などの宗教的な密儀などによる高度に精神的な活動が営まれていたことは間違いない。たとえば、ギリシャであれば、ヘシオドスの『神統記』における神話的な叡智やホメーロス筆の壮大なる民族叙事詩『イリアス』や『オデッセイ』やヘロドトスの歴史書などにも、人生を処すための優れた賢慮がちりばめられているであろう。

しかし、それらはまだその時代的、地域的な制約を免れないものであった。たとえば、神話や叙事詩では、個人の勇気の発露を軍神マルスのインスピレーションによって説明する。それは、古代ギリシャの文化的コード（暗黙の了解）の中では、達意の事項であったとしても、いざ他の時代や地域の文化圏に移したら、そのままの形では通用しなくなるだろう。そこに哲学的な精神が入り、「勇気そのもの」として高度に抽象化がなされることで、そうした制約を突破して、いつの時代、いかなる地域にも通用する普遍的な学知に昇華されることになったのである（注7）。

すなわち、哲学の普遍的な精神の誕生をもってはじめてギリシャ文明は、後の西洋文明、そしてわが国を含めてその影響下にある東洋世界においても、地球的規模での標準的な範型（古典）となったと言えるだろう。それを可能にした要因としては、一つには上述した純粋な智への愛好・研鑽といったギリシャ的特徴が挙げられるが、さらには、古代ギリシャに高度な知性・理性に裏打ちされた文明の高みを創り、後の地球文明のモデルたらしめんとする〝世界精神〟の冥々裡の働きを認めることもできるのではないだろうか。

（3）人間の自立と自由、神話的思考から哲学の精神へ

さらに、ギリシャ哲学発祥を特徴づける決定的な要因は、人間精神の自立と自由、思考の自律ということに尽きるだろう。あらゆる文明の発生の根底には、その源泉において偉大なる宗教の働きが見て取れるのは、自明のことである。インド文明においては、バラモン教、仏教、ヒンズー教の伝統がその支柱をなし、中国文明は、儒教や道教を基軸にし、日本文明の根底には、神道や仏教が、アラビア・イスラム圏においては、イスラム教が、ヨーロッパ文明の基にはキリスト教の精神が息づいている。それは、古代ギリシャ文明においても同様である。現代の通説であれば、ゼウスを中心とするオリンポスの神々の系譜が、ギリシャ人の宗教生活を色濃く彩っていたとされる。

こうした世界的な宗教は、偉大なる始祖によって説かれた啓示、教え、教義を基に弟子たちが経典を編纂し、解釈を加え、学問化し、儀礼などの制度を確立す

ることで次第に国や民族に根づき、固有の発展を遂げていく。一般に四大聖人の一人と目されるソクラテスに始まる哲学も、一面においては、広義の〝宗教〟として出発したとも言える。プラトンの『ソクラテスの弁明』で活写（かっしゃ）されているように、ソクラテスがその活動を開始したのは、デルポイの神殿でアポロンの神託を受けたことを機縁としているし、ソクラテスが道を誤らんとした時にダイモンと呼ばれる神霊から禁止のお告げが降りてきたことや、『パイドロス』で、恋の神エロスからの啓示を受けるくだりなど、プラトンの伝えるソクラテス像は、現代の感覚で言えば、非常に神がかっていて実質〝宗教家〟と見なしてもいい。

　しかし、もしもソクラテスやその偉大なる弟子プラトンが、狭義（きょうぎ）の宗教家としての活動圏内にとどまっていたら、私たちが知るところの哲学は発祥しなかっただろう。彼らは、霊的な啓示を十分に尊重しながらも、単なる伝統的な宗教教義を受容することに甘んぜず、自らの理性・知性を総動員して、徹底的に納得するまで真理を探究し、吟味（ぎんみ）し、深めていった。

それは、無論宗教の否定ではなく、自らの理性や知性をフルに使い切ることで人間が自主的に神に近づいていくということだ。宗教的な教義をただ受け身で受容するだけでは、自らの考える力、運命を開拓する自主的な力にはなり得ず、そこに自由からの発展・繁栄もなく、人類はいつまでも従順なる子羊のような、平和であるけれども、躍動感のない単調な生活を続けるばかりだったろう。しかし、そこに哲学の精神が芽生えることで、人間は、自ら考え、判断する自主性を発揮して、神近き存在へと上昇しつつ、新たなる文明創造に参画する、自由と創造の喜びを享受することができるようになったのだろう。

かつてドイツ最大の哲学者ヘーゲルが、ギリシャ文明を自分たち西洋文明の故郷であり、輝ける青春時代であると称揚(しょうよう)した理由もそこにある。ギリシャ哲学においては、限りない神秘的宗教性と冴えわたる自由な理性と合理精神が、不思議なほど理想的な形で融合していたのだ。

上記の基本特徴を踏まえて、以下、そうした本来の哲学と現代に蔓延(まんえん)する非本来的な哲学との違いをより詳細鮮明に各論的に吟味してみよう。

2. 本来の哲学と非本来的哲学の峻別(しゅんべつ)

(1) 本来の哲学は、幸福哲学である

「幸福哲学」というのは、よく考えてみれば、自明のことであり、ある意味では、形容過剰(冗語)といっていい。「哲学」という語の中には、当然「幸福(になるための)」という形容詞が内包されているからである。

大川隆法総裁は次のように述べている。

「幸福」ということについて、あらためて学問的に点検してみると、学問的文献として、はっきり遺っているもののなかで幸福を正面から捉えたのは、ギリシャの哲学者のアリストテレスでしょう。(中略)

アリストテレス自身が、哲学の目的について、「哲学というのは幸福の探究なのだ。どうすれば人間が幸福になるかを探究する学問が哲学なのだ」ということを述べています。

つまり、哲学は、そもそも「幸福学」であったわけです。

『幸福学概論』37〜38ページ

アリストテレスの『ニコマコス倫理学』にいわれるように（注8）、すべての人間の活動も研究も善なるものを目指しており、究極の善は、幸福である以上、哲学の目的も広い意味での幸福を目指さざるを得ないのである。

それに対して、現代の学問・科学の基準に照らしてみるならば、特定の価値判断から自由＝価値中立的であるべきであって、すでに「幸福」という価値を前提にするのはおかしいという異論もあるかもしれない。たとえば、現代の学問の公準を確立した一人とされる社会学の泰斗（たいと）マックス・ウェーバーは、『社会科学の方法』の中で、「現代の学問の使命は、価値判断を提示することではない。人々が自分なりの幸福感・価値観に基づいた目的に対して手段を提供したり、どの手段が最適であるかを専門家の立場から提示することだ」という意味の指摘をしているが（注9）、その意図は、「私たちの人生の意味や幸福は、自ら個人で探究していくことであり、学問的な領域を超えたところで成り立つものである」ということであろう。

しかし、百歩譲って、ウェーバーの言うごとく、専門分化した現代の諸学は、各人固有が探究する幸福への手段を提示するものであったとしても、究極的には、個人が与えられた選択肢において、適正判断をするためには、何らかの幸福の指針がなければ、そもそも価値判断はできようはずもない。本来の哲学は、そうした幸福の指針そのものを探究するという意味でも、第一等の学問であったのである。

このことを別の視点からさらに深めてみよう。たとえば、あらゆるこの世の職業において、その職業に携わる人以外の人々に対する何らかの幸福増進、福利を生み出すという公益性があることが暗黙・不文の前提になっている。したがって、よく映画などに出てくる〝泥棒稼業（どろぼうかぎょう）〟というのは、名辞（めいじ）としてそうした言葉を使えたとしても、本来の意味においては、職業を成り立たせる前提そのものを破壊する反社会的、反福利的な犯罪行為であり、およそ職業の名に値しないのは自明であろう。言い換えると、職業と名のつくものであれば、当然の了解事項として「何らかの仕方において人々の幸福増進に寄与する」という前提が内包されているのである。

同様に、あらゆる学問、哲学においても、何らかの幸福への志向性がなければ、学問そのものの存在意義がまったくなくなる。たとえば、学問において「進歩した」とか、「停滞した」という言い方が普通に使われるが、「幸福」に方向づけられた価値の尺度がなければ、そもそも「進歩した」とか「停滞した」という言葉はまったく意味をなさなくなるだろう。いくら学問が発展したとしても、それが何らかの形で人間の幸福増進につながらなければ、文字通りその学問自体の存在意義がなくなるだろうし、ましてやそれが人類の福利そのものを著しく損なうものであれば、当然それは本来の哲学・学問の主旨からいって積極的に廃棄処分にすべき〝マイナス存在〟となる。

この本来の哲学の精神にもかなない、尋常普通のまっとうな良識から言っても自明の理が、現代の学問風土においてどうも通用しなくなっている。マルクスやニーチェ以降の現代思想の多くは、人間を不幸にする哲学であり、したがって、真正の意味での哲学の名に値しないということになる。

たとえば、あらゆる西洋の伝統的な価値観を破壊して、「神は、死んだ」と豪語し、いわゆる「道徳」は、社会的な弱者が勝者に対して巻き返しを図るための狡猾な詐術＝ルサンチマンと見るニーチェのニヒリズム哲学は、それを文字通りに解すれば、道徳破壊論のみならず、人間を不幸にする幸福破壊学である。ナチスの強制収容所に収監された過酷な体験を希望と勇気を持って耐え抜き、見事に生還して世界中を感動させたユダヤ人心理学者ヴィクトール・フランクル博士が喝破したように、「人間は、本来生きる意味を求める動物であり、肉体的な苦痛には耐えられても、生きることの無意味さには耐えられない」からである（注10）。「人生に意味などない」とするニヒリズムは、決して本来の世界の実相ではなく、現代人の心に蔓延する猛毒性を持った〝死に至る病〟である。

（2）本来の哲学は、人間学である

古代ギリシャにおいて、哲学が本格的に始動したのは、それまでの自然学者たちが、天地万物の根源を探究していたのに対して、ソクラテスが、人間の魂へと探究の方向を変えたからである。確かに、アリストテレスは、万物の根源を水とみなしたターレスを〝最初の哲学者〟と評価しているが、それは、ターレスに哲学の潜在的な萌芽（ほうが）を見出したということであって、彼らイオニアの自然学者たちは、自らを哲学者であるとは少しも自覚していなかった（注11）。

こうした自然から精神への方向転換を最も印象的に語っているのが、プラトン著『パイドン』の次の箇所である。

僕はね、ケベース、若い頃、あの自然研究といわれる学問に、驚くほど熱中したことがあった。（中略）

ところでいつか、ある人が、アナクサゴラースの書物――ということだったが――そのなかから万物を秩序づけ万物の原因となるものは知性（ヌース）であるという言葉を読んでくれるのを聞いて、僕はこの『原因』に共鳴した。知性を万物の原因であるとすることは、ある意味では、結構なことだと思えたからだ。（中略）

大いなる希望の高みから、ねえ君、僕は転落していったのだ。というのはね、（中略）僕が見いだした男は知性など全然使ってもいないし、事物を秩序づける原因を知性に帰することもなく、空気とかアイテールとか水とか、そのほか沢山のくだらないものを原因としているのだった。（注12）

ソクラテスは、若き日に自然研究に夢中になったのだが、結局そこに人間を幸福にする真理は見出せずに、研究の方向を人間の魂の探究へと向き変えていった。それが真の意味での哲学の始まりである。

実際、魂の探究、配慮は、ソクラテスにとっては、何に先おいても最優先すべき第一義的重要事項であった。「世にも優れた人よ。あなたは、知恵においても力においてももっとも偉大でもっとも評判の高い、このポリス・アテナイの人でありながら、恥ずかしくはないのですか。金銭ができるだけ多くなるようにと配慮し、評判や名誉に配慮しながら、思慮や真理や、魂というものができるだけ善くなるようにと配慮せず、考慮もしないとは」（注13）というメッセージは、死期を自覚した哲人ソクラテスが、愛する同国人に訴えた渾身（こんしん）の遺言である。

近代的に言えば、デカルトやカントが、人間の精神を自然・肉体と峻別（しゅんべつ）して、自由なる思考を備えた精神的霊的な存在と規定したところに哲学固有の使命を見出していたのと軌を一にするだろう。したがって、人間の精神を脳の働きとする唯脳論や人間を動物の延長と見なした進化論的な前提に立つ「人間観」は、本来の哲学の精神から逸脱した、人間の尊厳を否定する非・哲学と言わざるを得ない。

(3) 本来の哲学は、国家学＝政治哲学である

古代哲学の大成者であるプラトンの代表作『国家』や「人間は、政治的(国家的)動物である」と喝破したアリストテレスの『政治学』の例を持ち出すまでもなく、古来哲学の最大の課題は、個人としての生き方を探究する幸福論や倫理学にとどまらず、いかにして理想国家＝ユートピアを創出していくかということにあった(注14)。

彼らの哲学的人間学の立場からすれば、私的な幸福を超えて、公的な幸福を体現する公的使命を担ってはじめて動物性から脱却した真なる人間になれるのであ

り、それ以前の段階にとどまっている場合には、人間以前と言って悪ければ、まだ「見習い人間」に過ぎないのである。

したがって、アーレントが『人間の条件』の中で詳述している通り、公的な義務感を外部からの強制、もしくは生存のためのツールとして矮小化する現代の思想風潮は、古来の哲学の達成した尊貴なる人間観からの頽落である。

（４）本来の哲学＝宗教哲学（神学）である

言い換えると、哲学は理性のフィルターを通じた宗教そのものである。つまり、プラトンの対話篇は、霊的な世界観を前提にしているのみならず、この世的な価値観に向き変えて、イデア界＝神的、霊的な世界へと人々を誘導する智慧の働きである。アリストテレスの『形而上学』は、諸学の中心たる哲学、第一哲学＝神学であった（注15）。古代哲学においては、そもそも哲学と神学を分ける発想はあり得なかったのである。ヘーゲルも見抜いていた通り、本来の哲学の研究対象は、神のみである（注16）。もっと言えば、神とその表れとしての世界、その世界に住むところの神的な存在（神の子）としての人間のあり方を理性的思弁的に探究する知の営みを哲学と呼んだのだ。哲学と宗教の違いは、探究領域の違いではなく、探究方法の違いである。哲学は、神の経綸が流転する姿を知性的理性的に探究する（自然）神学でもあるのだ。

大川総裁は次のように述べている。

ソクラテスの守護霊は、ソクラテスが行動する際、してはいけないことに関しては「それはしてはいけない」と抑止するのですが、「これをするべきである」「かくなせ」とは言わないのです。「道を外れようとしたときに、ブレーキをかける守護霊であった」というように伝えられています。

そういう守護霊に指導されながら、「真理とは何であるか」ということを求めたのが、ソクラテスであったわけです。

　そうであれば、哲学の根本といっても、やはり宗教と同じものであるということです。原点においては同じなのです。（中略）

　哲学の根本は、こういうことなのです。ただ、宗教と比べると、「ソクラテス自身が、非常に理性的な頭脳を持っていた」という点が違うだけでしょう。

（中略）

　現代の哲学は語学になったり、論理学になったり、変なかたちになっていて、もう痕跡さえなくなっていますが、それは間違った流れ、形骸化した流れです。哲学の教えは〝死骸〟となっていますが、元は宗教の教えと同じようなものなのです。

『信仰者のなぐさめ』26～28ページ

したがって、現代の神を否定する無神論、現代に蔓延する人間機械論的・唯物論的な思想潮流は、本来の哲学からは最も遠く、積極的に打破すべきものである。そもそも無神論・唯物論の思想の立脚基盤は、その理非を突き詰めて言うと、脳を〝考える物質〟＝「精神的な非・精神」と見なす原理的な自己矛盾、形容矛盾を犯しているので、科学的に言っても非合理極まる非科学＝迷妄(めいもう)そのものである。

（5）本来の哲学は、あらゆる学問を総合した普遍学である

本来哲学とは、諸学の一分野としての学問ではなく、諸学を包摂(ほうせつ)するところの総合学・普遍学であった。この普遍学としての哲学が分化することによって、現代の諸学が成立したのである。

大川総裁は次のように述べている。

本来の意味での、ソクラテス的な意味における「哲学」なんですよね。「万

学の祖」としての哲学には、全部入っているんです。（中略）

哲学には全部入っているので、これがバラバラに、いちおう専門分化していったのでしょう。それは「狭い範囲にして専門家がつくる」という意味では、それなりに役に立ったけれども、パラパラになりすぎて、〝有機的統合〟ができないために、相互の化学反応のようなかたちでのイノベーション及び新しいものを創生していく力が足りないのです。

ここが今、大事なのです。「全部を触媒として、これを変化させていくものは何か」と言うと、これは、「幸福の科学」という言葉で表されているものです。諸学問や諸宗教がありますし、別に、当会は、キリスト教も、仏教も、イスラム教も、日本神道も否定せずに受け入れていますし、今も研究を続けています。

それを、どうするかといえば、単にバラバラに小さく専門分化していって、虫の分解のようにしていくわけです。バラバラにして、羽を取って、頭を取って、足を取って終わりではないのです。それが学問だと思っているのなら、それは一面的な見方です。分析的学問も、学問ですけれども、統合する能力がなかったら、実は何にも役に立たないのです。

分析する研究は大事です。しかし、統合も要るのです。分析もしますが、それをまとめて、「次の時代に何が使えるようなものになってくるか」ということを考えて、統合しなければいけません。

『究極の国家成長戦略としての「幸福の科学大学の挑戦」』１２２〜１２４ページ

このように、本来の哲学の精神に立ち返ることとは、現代の文明の源流に戻ることであり、新たなる哲学の精神の再興とは、これから始まる恐らくは地球レベルでの新文明創出のための青写真・原型＝設計図を構想することに他ならない。

したがって、哲学を諸学の一分野に貶（おとし）めるどころか、哲学を実証科学の検証に耐え得ぬものとして学問研究・教育の主流から外そうとする現代のアカデミズムの趨勢は、短期的には時流に乗っているように見えて、より大きな文明潮流から見ると、あってはならない〝逆流〟現象であり、時代の反作用に見舞われることが予想される。

3．未来の哲学の展望とＨＳＵ建学の理想

以上の考察で明らかになったように、本来の哲学は、高度な知性・理性に裏打ちされた宗教哲学（自然神学）であり、人間を幸福にする人間幸福学であり、理想国家を創出する政治学であり、新しい学問の地平を切り拓く諸学統合の普遍学であった。逆に、現代に蔓延する無神論・唯物論的な思想風潮は、まさしく人間を不幸にする非・哲学的迷妄そのものであり、本来の哲学精神からのあからさまなる転落に他ならない。

したがって、未来の哲学の使命もまた、この哲学本来の原点に立ち返り、現代の高度に発展した知識社会に見合った知性・理性を開発すると同時に、それに即応した宗教性・精神性を涵養（かんよう）し、そして新たな時代精神への展望を拓くことにあると確信する。

大川総裁は次のように述べている。

全世界がこれから求める真理の基準、「真・善・美」について、私たちは、今、もう一度、新しい基準を打ち立てようとしています。

ソクラテスや孔子、釈迦、イエスの時代を、「枢軸(すうじく)の時代」とヤスパース(ドイツの哲学者)は呼びましたが、「二千五百年前の前後に、重要な人物がたくさん出てきて、世界の人類の道徳や倫理の規範ができた」と言われています。

二千五百年たった今、これから未来が文明として開けていくときに、必要な倫理基準、あるいは考え方、イデアは何か。

「真・善・美」は、二十一世紀において、どうあるべきか。それは三十世紀にも四十世紀にも通用するものであるかどうか。

これを問うのが人間幸福学部の使命です。

『未知なるものへの挑戦』45〜46ページ

２０１５年に開学した高等宗教研究機関ＨＳＵは、文科省による大学認可が得られなかったが、それは決して本来の学問の基準に外れているからではなく、本稿の考察で縷々（るる）見てきたように、むしろ古代ギリシャ以来の哲学・学問の本流から大幅に逸脱した現代の思想傾向に対して警鐘（けいしょう）を鳴らし、来るべき新時代の展望を積極果敢（かかん）に打ち出したからこそ容易に理解が得られなかったと考える。

ＨＳＵに不認可の裁断を下した責任者の方たちとて、血の通った人間、神の子・仏の子のはず、決していたずらなる悪意や迷妄から否定のための否定をしたのではなく、いつの時代にも新しい宗教や哲学を世に説いた者たちに見舞われる〝反作用〟いう名の悪役をあえて演じてくださったのだと信じる。「汝らが自らを本物であると自負するならば、この程度の逆風に負けずに、あくまで初志貫徹（しょしかんてつ）せよ」と、我らの本気を問い、覚悟を試してくださっているのだと信じたい。

それは、まさに我らＨＳＵメンバーの本望である。逆風こそ我らの勇気と飛躍の導火線だ。幸福の科学グループの創始者である大川総裁によって説かれる２５００冊を超える著作群、まさに人知を超えた速度とスケールで説き続けられる膨大な教えの大河は、質量共にかつての世界宗教や諸哲学を優に凌駕(りょうが)し、それら良質なる宗教・哲学的伝統すべてを包含(ほうがん)しつつ、新たなる地球創世記を創らんとする智慧と慈悲と気迫に満ち満ちている。

それこそが地球神エル・カンターレの真面目(しんめんもく)であり、最後にして最大の救世主の証明だ。ＨＳＵは、その大川総裁の教えに基づいて創られた人類の希望の砦である。永遠の真理の大河につらなり、地球新文明の源流をなすものである。たとえ文科省の認可が降りようと降りまいと、私たちの光の行軍は止まらない。日本の闇を破砕(さいは)し、地球の迷妄を打ち砕き、宇宙の果てまで照らし出す気概を持って最後の勝利の日まで何があってもこの理想を実現するものである。

最後に、学問の府を司(つかさど)る心ある政治家・官僚・関係者諸氏に申し上げる。たかがこの１００年にも満たない浅薄(せんぱく)なる時代思想でもってこの人類史上未曾有(みぞう)の大文化事業を裁かないでいただきたい。どうかあなたがたの内なる良心をもって我らの活動の内実、真意を吟味していただきたい。そして、願わくはこの聖なる事業に共に参画していただきたいのである。私たちの主エル・カンターレは、そんなあなたのことも心から愛し、必要としておられるのだから。

（注1）文部科学省は、下村博文元大臣の署名で、２０１５年に6月8日に「国立大学法人等の組織及び業務全般の見直しについて」（www.mext.go.jp/b_menu/shingi/kokuritu/003/shiryo/attach/1364527.htm）という通知を発表し、その中には、教員養成系や人文社会科学系学部及び大学院について組織の廃止や転換を目指すという内容が含まれていたが、とりわけ「特に教員養成系学部・大学院、人文社会科学系学部・大学院については、18歳人口の減少や人材需要、教育研究水準の確保、国立大学としての役割等を踏まえた組織見直し計画を策定し、組織の廃止や社会的要請の高い分野への転換に積極的に取り組むよう努めることとする」という箇所は、各界の識者の間で物議をかもした。その後、文科系軽視の潮流が、全国の大学経営の危機と相まって現在に至るまで止まらない（木村誠『大学大倒産時代』朝日新聞出版参照）。ここ数年で生命科学や人工知能（ＡＩ）の研究が進み、２０１９年になって、政府はようやく、倫理学などの人文・社会科学を科学技術政策に含めて推進する方針を固めた。（「毎日新聞」２０１９年1月8日参照）

（注2）たとえば、古代ローマ共和制の全盛期において、大カトーらによってローマの父祖伝来の質実剛健なる気風を守らんとして、ギリシャ輸入の哲学を排撃せんとしたことがあったが、その後共和制の末期には、その危機意識の裏返しとしてキケロを中心としてギリシャ哲学の精神が再興し、ローマ化された人間の義務論や国家論の範型が創られ、後世に多大な影響を与えた。また、ナポレオン皇帝の占領下においても、皇帝の行政指導の下、伝統的な大学制度を廃止して、実社会の再建に直結する専門のドイツの技術を習得する実技学校の新設が強制されたが、それに反発したドイツの愛国的気概を持ったシュライエルマッハーやフンボルトなどの大学教授たちが志を結集して、哲学・教養をベースにした新しい理念の下にベルリン大学を１８１０年に創設した。そのベルリン・フンボルト大学の範型を基にして現代世界中に教養学部を中核に持つ大学制度が広がっていったのである。拙論『ベルリン大学創立時における哲学的教養の理念の再考』（比較思想・文化研究 Vol.5）参照

（注3）たとえば、俳句芸術であれば、5・7・5という定型の語数に対してある程度破格の表現があってもいいだろうが、現代俳句と称してそうした語数の制限そのものを全廃してしまえば、本来俳句という

文芸ジャンルを創始した精神とはまったく無縁のものになり、それを「俳句」という名で呼ぶ意味はなくなるだろう（『大川隆法霊言全集　第39巻』参照）。同じことが哲学の伝統にも言える。「この点を外しては、もはや哲学という名で呼ぶ意味がなくなる」といった死守すべき一線があり、後述するように、現代思想の多くは、もはやその一線を越えて崩壊危険ゾーンに入っていると言わざるを得ない。

（注4）俗に、「東洋哲学」や「日本の哲学」という言葉は使われるが、それは西洋哲学で言うところの哲学思想が東洋や日本にもあったということを想定した語の転用である。哲学という言葉の本来の用法は、本稿において検討するように厳密に古代ギリシャに現れた精神から生まれたものである。

（注5）アリストテレス著『形而上学（上）』（岩波文庫）26ページ

（注6）たとえば20世紀を代表する哲学者ヤスパースは、『歴史の起源と目標』という著書の中で、紀元前5世紀を前後して、仏陀、ソクラテス、孔子など世界宗教の始祖となる人類の教師とも言える精神的な巨人が同時に生まれ、地球上のさまざまな文明を興していったが、その時代を「枢軸の時代」と呼んでいる。こうした現象は、現代の実証科学的な歴史学ではとうてい説明がつかず、そのためにはやはり人知を超えた天意や神慮というものを想定せざるを得ないだろう。

（注7）たとえば、『メノン』や『ラケス』といったプラトンの初期対話篇において、ソクラテスは対話相手に対して、徳や勇気などその時代の常識として通用した語義を対話によって徹底的に吟味し、篩にかけて本来の「徳」とは何か、「勇気」とは何かということをあぶり出そうとする。これは、そうした用語を伝統的個別的な文脈を払拭して、時代を超えてどこでも通用する普遍妥当性を引き出そうとしていたと見なすことができよう。

（注8）アリストテレス著『ニコマコス倫理学（上）』（光文社古典新訳文庫）

（注9）M・ヴェーバー著『社会科学の方法』（講談社学術文庫）18～19ページ

（注10）ヴィクトール・E・フランクル博士は、人間にとって生きる意味が、苦しみに優越することをその著書の随所で説いている。たとえば、「人は、探求すべき意味さえ見出すなら、敢えて苦しむことも甘

受し、犠牲に身を捧げ、そしてもし必要とあらば、そのためにみずからの命をも捧げる覚悟をする。そのことが今まで見過ごされ、忘れられてきたのである」（『〈生きる意味〉を求めて』春秋社、15ページ）。収容所に監禁されていた当時の人々の回想として、「当時、私たちは、食べるとか腹をすかすとか、凍えるとか眠るとか、ミツバチのように働くとか殴られるといった人間にふさわしくない問題ではなく、ほんとうに人間らしい苦悩、ほんとうに人間らしい問題、ほんとうに人間らしい葛藤にどれほどこいこがれたことでしょう」（『それでも人生にイエスと言う』春秋社、71～72ページ）。

（注11）アリストテレス『形而上学（上）』（岩波文庫）の第一巻第三章註（12）で、訳者出隆は、「普通に西洋哲学史でタレスが（中略）哲学の始祖、ミレトス学派の始祖、したがってイオニア学派の始祖とされるのは、主としてアリストテレスがこの章でこのようにタレスの名をあげたことに起因する。かれは、ここに述べられているような意味の『知恵』を愛求し始めた最初の人であるにしても、アリストテレスおよびそれ以後に考えられているような『哲学』を研究したというわけではない。『哲学』という語はかれの関知しないものであった」と述べている。

（注12）プラトーン著『ソークラテースの弁明・クリトーン・パイドーン』（新潮文庫）１８７～１９１ページ

（注13）プラトン著『ソクラテスの弁明』（光文社古典新訳文庫）62ページ

（注14）こうした政治哲学の伝統は、その後キケロの『国家論』『法律論』における自然法の思想、アウグスティヌスの『神の国』の神優位の国家観、さらには、トマス・アクィナスの『君主の統治について』などの徳治政治論に引き継がれ、民主主義の理論的根拠となったロックの『政府市民論』やルソーの『社会契約論』などを経て、やがてヘーゲルの『法哲学講義』に結実する、西洋哲学史の滔々たる一大潮流を形成していく。

（注15）『形而上学』第六巻第一章。いわゆる神学と哲学という分化は、中世哲学においてはじめて成立した考え方であり、哲学が発生した古代ギリシャにおいては、哲学と神学は、未分化で、本来一体のものであった（今道友信著『中世の哲学』岩波書店）。スコラ哲学を大成したトマス・アクィナスによれば、中世における哲学は、聖書の教えに基づく啓示神学に対して、聖書に書かれていない事項を人間の

理性で探究するという意味での自然神学であって、この両者は互いに相即し、相補い合うものであった。さらに時代が下って、近代になると、キリスト教教会の提示する世界観と新しい自然や天体の観測考察に基づく自然哲学が激しく対立し、やがて哲学が神学のくびきから完全に独立していくようになるが、それは、よく間違って指摘されるような「宗教vs.科学（自然哲学）」の対立といった構図ではまったくなく、新しい自然観を持った宗教哲学と、旧来の天動説的な世界観を持った宗教哲学が対立していたのに過ぎないのであって、ガリレオやデカルト、ニュートンなど近代哲学者・科学者は、同時に神を深く信仰する篤実な信仰者でもあった。

いわゆる「無神論」、神・宗教否定の哲学は、18世紀フランス革命直前に出て来たドルバックやラ・メトリなどのごく一部の哲学者に限られており、彼らは、西洋哲学史の主流からすれば、ほとんど一過性の泡沫的な反動思想家に過ぎない。神を否定する思想そのものが全面に出てくるのは、近世哲学の大成者ヘーゲル以降、過度の実証主義が跳梁する19世紀末においてであり、それは本稿の主旨からすれば、とうてい哲学の本流・正統とは言えず、マルクスやニーチェなどによって創始される現代思想の潮流自体が、狂気と迷妄の淵に迷走していると言わざるを得ない。

（注16）

ヘーゲルは、『小論理学』「エンチクロペディーの序文」（岩波書店）で、「哲学は、まず宗教と共通の対象をもっている。両者ともに真理を対象としており、しかも、神が真理であり、神のみが真理であるという最高の意味における真理を対象としている。また、両者ともに有限なものの領域、すなわち自然および人間の精神、それらの相互関係、およびそれらの真理としての神とそれらとの関係を取り扱っている」という意味の内容を述べている。

【参考文献】

大川隆法著『幸福学概論』（幸福の科学出版）
大川隆法著『信仰者のなぐさめ』（幸福の科学）
大川隆法著『究極の国家成長戦略としての「幸福の科学大学の挑戦」』（幸福の科学出版）
大川隆法著『未知なるものへの挑戦』（幸福の科学出版）
大川隆法著『大川隆法霊言全集　第39巻』（幸福の科学）
アリストテレス著『形而上学（上）』（岩波文庫）
プラトン著『ソクラテスの弁明』（光文社古典新訳文庫）
アリストテレス著『ニコマコス倫理学（上）』（光文社古典新訳文庫）
M・ヴェーバー著『社会科学の方法』（講談社学術文庫）
ヴィクトール・E・フランクル著『〈生きる意味〉を求めて』（春秋社）
V．E．フランクル著『それでも人生にイエスと言う』（春秋社）
プラトーン著『ソークラテースの弁明・クリトーン・パイドーン』（新潮文庫）

今道友信著『中世の哲学』(岩波書店)
ヘーゲル『小論理学』(岩波書店)
木村誠著『大学大倒産時代』(朝日新聞出版社)
伊藤淳著「ベルリン大学創立時における哲学的教養の理念の再考」(比較思想・文化研究Vol.5)
ヤスパース著『歴史の起源と目標他』(河出書房新社)
プラトン著『メノン』(岩波文庫)
プラトン著『ラケス』(講談社学術文庫)

第4章

人間幸福学から導かれる心理学

「真理心理学」入門

Chida　Yoichi
千田 要一

1. 心理学の五つの潮流

これまでの心理学は、表①のように大きく五つの潮流に分類される（注1）。本章では、これらの潮流を簡単に紹介しつつ、「幸福の科学教学」から各潮流の長短を評価して、人間幸福学としての〝あるべき〟心理学像を浮き彫りにしていきたいと思う。なお、各潮流の評価にあたっては、それぞれの創始者の思想・信条も紹介する。というのは、創始者の考えがその潮流の大きなカルチャーを決めるからである。

表①

潮流	学派	特徴	霊性	時間軸
1	精神分析学	不幸の心理学	−(+)	過去
2	認知行動主義	不幸の心理学	−	現在
3	人間性心理学	幸福の心理学	±	現在〜未来
4	トランスパーソナル心理学	幸福の心理学	＋＋	現在〜未来
5	ポジティブ心理学	幸福の心理学	＋	過去〜現在〜未来

（１）精神分析学

精神分析学とは、ジークムント・フロイトによって発見された「人間の深層心理を探求する方法」で、「無意識（潜在意識）」に抑圧されたトラウマを表面意識に言語化することで治療に結びつけられた。

フロイトは、催眠を用いて「無意識」を発見したが、精神異常の原因として「幼少時の抑圧された性欲」を重視した極端な病態理論に固執したため、有能な同門であったカール・ユングやアルフレッド・アドラーらが離反していくことになった。

大川隆法総裁はフロイト理論の不十分な点として次のように評価している。

何でもかんでも、「幼児時代の性欲の問題だ」と言われると、みな、「そうかもしれない」と思うところがあって否定できない部分はあるのですけれども、のちのち、いろいろな研究を積み重ねていくにつれて、「その理論には、やや不十分な部分があったのではないか」とされるようになりました。
また、宗教の面から見ても、前世、前前世等の「カルマ」といわれるものが引き継がれ、現象界としての今世に現れてくることもあるのと考えられるので、幼少時だけにすべての原因を求めるのは無理な部分があるでしょう。

『「幸福の心理学」講義』29〜30ページ

また、フロイトは、終生、無神論者・唯物論者であり、宗教を〝一種の精神病（強迫神経症）〟とまで言い切り（注2）、人類にとってマイナス材料だと捉えている。

これに対し大川総裁は「**フロイトには、『無意識の世界』を解明することによって、マルクス主義に批判を加えた面があるので、その点をプラスに判断していたところもあります**」と一定の評価をしつつも、一方で「**宗教を否定したことは看過できません**」と問題点を指摘されている（『フロイトの霊言』14〜18ページ）。

さらに、宗教を否定するフロイトの学問的態度が、そのまま無意識の世界の解明の未熟さになって現れてくる。

彼自身は「解明した」と認識している「無意識の世界」についても、幸福の科学で見ている霊界世界と比べれば、解明にはほど遠い状態だと思われます。それは、あくまでも、「個人の心の内側を覗(のぞ)いた」という程度にすぎません。無意識の世界からの働きかけなるものには、自分自身の無意識、すなわち、当会で言えば、「魂の兄弟」（守護霊等、自分自身の魂を構成するグループ）的なものからの影響もあるのですが、それのみならず、指導霊や憑依(ひょうい)霊、その他、霊界におけるさまざまな存在からの影響もあるわけです。フロイトは、このへんについて説明できていないでしょう。

『フロイトの霊言』17ページ

なお、フロイトと袂を分かったユングは、元来霊能力があり（注3）、フロイトより格段に霊的な集合的無意識理論を説いた。つまり、人間には個人領域の「無意識（個人的無意識）」を超え、人類全体が共有する「集合的無意識（普遍的潜在意識）」があると主張した。ユングは、集合的無意識そのものは意識的に直接把握することはできないが、「元型（アーキタイプ）」というイメージ・パターンとして認識されると考えた。この点、大川総裁は次のように指摘し、さらなる宗教的分析の必要性を説かれている。

カール・ユング

「人類には、共通に潜在的な無意識があって（集合的無意識）、そのなかには、『元型（アーキタイプ）』というものがあり、古代からあるその元型が、いろいろな考え方をつくっているのだ」という考えもあります。これは仮説ではありましょうけれども、霊界というものを認めずに、人類の無意識界にある

元型のようなもので、いろいろなものを説明しようとしたりしているのでしょう。しかし、もっと正直に言えば、宗教的に説明ができたものはあるのではないかと思われます。（中略）

このあたりについては、学問のかたちを取ってはいるものの、もう一段、メスを入れていく必要があるのではないでしょうか。

『「人間幸福学」とは何か』84～85ページ

ここで精神分析学についてまとめると、無意識に抑圧されたマイナス体験にフォーカスすることから「不幸の心理学」とカテゴライズされ、創始者のフロイトの唯物論・無神論の流れをくみ、「霊性はない」と考えるものである。ただ、同門から一部、霊性を認めるユングの流れも始まっているため、〝完全にない〟とも言えず、表①の霊性の枠は「－（＋）」とした。また、時間軸では、幼少時の体験を重視するため、「過去」と分類した。

（2）認知行動主義

次に、「表面意識や無意識といった心の内面にある曖昧な現象を扱う精神分析学を批判し、心理学は客観的に観察可能な『行動』のみを対象とする科学であるべきだ」とするジョン・ワトソンが現れる。

彼は、行動とは外部の刺激（Stimulus）による反応（Response）であり（S-R理論）、人間すべての行動（R）は環境刺激（S）によって予測・統制できると考えた。この理論はかなり極端な機械論的唯物論で、彼の「私に生まれたばかりの赤ちゃんを預けてくれれば、環境調整による条件づけで思いのままの大人に育ててみせる」と豪語した言葉がそれを物語っている。

ただ、ワトソン理論はマウスなどの下等動物の行動を説明できても、人間の行動を説明できないことが多かったため、その修正を試みた「認知行動主義」へと発展していく。これは、感情や行動を決定するのは、客観的な現実ではなく、現実をどのように受け止めたかという「認知」によって決まると考える。これを基礎理論とした「認知行動療法」では、歪んだ認知を合理的認知に修正することが治療と考える。代表的な歪んだ認知として十種類わかっていて、そのうちの一つ「全か無か思考」では、物事を白か黒のどちらかで考え、少しでもミスがあれば、完全な失敗と考えてしまう傾向が挙げられている。

ここで認知行動主義についてまとめると、歪んだ認知にフォーカスすることから「不幸の心理学」とカテゴライズされ、創始者ワトソンの唯物論・無神論の流れをくみ、「霊性はない」と考えられる。時間軸では、〝今、ここ〟の「現在」の体験を重視する。

（3）人間性心理学

それまでの心理学の二大潮流であった精神分析学と認知行動主義に限界を感じた心理学者が結集して1960年代に誕生したのが第三の勢力、人間性心理学である。この心理学の父、アブラハム・マズローによれば、精神分析学と認知行動主義のどちらも「正常で健康な人間」を対象とする視点が欠如していたという。

マズローは、自己実現的人間（才能や潜在能力を十分発揮した成功者、偉人たち）を調査した結果、人間の欲求には段階があることを発見し、「欲求の5段階説」を発表した（図①）。これは底辺から始まって、1段階目の欲求が満たされると、一段階上の欲求を志す

図① 欲求の５段階説

というものだった。つまり、Ⅰ「生理的欲求」とⅡ「安全の欲求」は、人間が生きる上で必要な衣食住などの動物本能的な欲求を指す。Ⅲ「所属と愛の欲求」は、他人と関わりたい、他者と同じように振る舞いたいなどの集団帰属の欲求だ。Ⅳ「承認（尊重）の欲求」は、自分が集団から価値ある存在と認められ、尊敬されることを求める認知欲求と言え、Ⅴ「自己実現の欲求」は、自分の能力、可能性を発揮し、創造的活動や自己の成長を図りたいと思う欲求である。

なお、「心理学の三巨頭」（他は、フロイトとユング）の一人、アルフレッド・アドラーは、人間性心理学に属する。彼は、人間には、もともと優れた人になりたいという「優越性」があると唱えた。また、アドラー心理学の鍵概念である「共同体感覚」は、心の健康を保つ上で重要なもので、彼の治療方針は、患者のマインドを「自分への関心から他者への関心へと変える」ことだった。ただ、優越性と共同体感覚を、アドラー心理学として〝一致〟させるのは難

アルフレッド・アドラー

しく、「思想的には不十分である」（『公開霊言　アドラーが本当に言いたかったこと。』32～34ページ参照）ことを大川総裁は指摘されている。この否定を補うのは、幸福の科学教学の「利自即利他」の思想であると考える。

ここで人間性心理学についてまとめると、自己実現欲求にフォーカスすることから「幸福の心理学」とカテゴライズされる。また、マズローは、神秘的体験や至高体験を認めてはいたが、人間性心理学では、〝積極的〟に打ち出すまでには至っていないため表1の霊性は「＋－」とした。時間軸では、過去より「現在から未来」志向になる。

（4）トランスパーソナル心理学

マズローは、しばらく自己実現の欲求が人間の最終地点だと考えていたが、晩年になると、それが終点ではなくさらにもう一段上の欲求Ⅵ「自己超越」（自分の枠組みを超えて他者を豊かにしたいという欲求）があることを提唱しはじめる。彼のこの考え方が、トランスパーソナル心理学の創設（１９６８年）へとつながっていく。

１９６０年代のアメリカは経済的な繁栄とは裏腹に、泥沼化するベトナム戦争、女性の自立、家族の崩壊、人種差別・マイノリティ問題、環境汚染などが噴出していた。つまり個人主義、物質主義、消費主義などアメリカ的価値観の行き詰まりを見せていたのである。そこでトランスパーソナル心理学では東洋の「霊的伝統」と人間性心理学における「自己実現欲求」の概念を融合し、さらに発展させたと考えられる。トランスパーソナルという言葉は、個人的なこと（パーソナル）を超える（トランス）という意味で、人間の究極的な目的とは、自己を越えた何ものかに統合されることだと考え、そのための精神統合の手法を開発しようとした。これまで一部の宗教エリートのみで表現されてきた人間の究極の霊的体験や可能性を、誰にでも起こり得るものとして心理学的に探究できるようにしたのだ。

また、この心理学は、全体主義でも個人主義でもなく、両者の問題を解決する方向性を指し示している。これは「個」を含みながら、なおかつ「個」を超えていく道である。

ここでまとめると、トランスパーソナル心理学では個を超えた〝大いなるもの〟を志向することから、「幸福の心理学」とカテゴライズされる。また、個人を超えた世界全体の根源である「ハイヤー・スピリット」「神仏の眼」「絶対精神」を想定しているため、霊性は「＋＋」とした。時間軸では、過去より「現在から未来」指向になる。

（5）ポジティブ心理学

１９９８年、当時米国心理学会会長であったマーティン・セリグマンが創設したのがポジティブ心理学で、「人生を最も生きがいのあるものにする事柄を研究の主題として真剣に取り組む学問」である。この心理学では、生きる意味と目的を探究する心理学を中心に据えており、直接の基礎を築いたのは第三勢力の人間性心理学と言える。ただ、大きな違いは、人間性心理学が仮説や理論が中心であるのに対し、ポジティブ心理学は仮説や理論を実証する科学的研究を包含していることである。

ポジティブ心理学がこれまで挙げてきた大きな業績の一つに、すべての宗教や哲学的伝統の中に共通した「六つの美徳」を発見したことがある。①知恵と知識、②勇気、③愛情と人間性、④正義、⑤節度、⑥精神性と超越性である。さらに、これらの美徳を、「24の性格の強み」へと細分化している。各人が持っているそれぞれの「強み」に焦点をあて、さらに伸ばしていくことが、人間として成長していくことになるという。この「強み」の理論はビジネスシーンにも応用され、現代経営学にも生かされている。

ここでまとめると、ポジティブ心理学は人間の幸福増進にフォーカスしていて

「幸福の心理学」とカテゴライズされる。また、人類の六つの美徳の一つに「精神性と超越性」（信仰心を含む）が提唱されているので霊性は「＋」とした。時間軸では、過去（感謝や許しなど）～現在（充足感など）～未来（楽観主義や希望など）と三つの時制においてバランスが取れた心理療法が揃っている（注4）。

2. 〝あるべき〟心理学像（真理心理学）とは？

前節では、既存の各心理学について鳥瞰してきたが、そこから、〝あるべき〟心理学像が浮き彫りになってきたのではないだろうか。

その心理学とは、人類普遍の真理を体現した「真理心理学」と呼べるもので、これは大川総裁の説かれる幸福の科学教学をベースにしたものになるだろう。次のような三つの観点、「〝抜苦与楽〟の心理学」「多次元霊界と心の多重構造」「三世を貫く心理学」をカバーするものになるはずである。

（1）〝抜苦与楽〟の心理学

一つ目は、不幸の心理学と幸福の心理学の〝両方〟を包含する心理学である。

これは、〝抜苦与楽〟の心理学とも言える（抜苦＝不幸を取り除くこと、与楽＝幸福を与えること）。前節で見てきたように、既存の心理学には、双方を包含する学問体系はなかった。

不幸の心理学については、大川総裁の次のような指摘がある。

かつては霊能者的な宗教家が、それぞれの人の人生の悩みについて個別に解決していたものを、心理学という学問を発明し、いろいろなケースを研究することで、「さまざまな症例に対する見解を統一して学問として学び、処方箋を出して解決する」というような方法を編み出したところもあると思います。

そういう意味で、宗教学の〝親戚〟に心理学というようなものもあるかもしれません。

『幸福学概論』46～47ページ

心理学と宗教は別と考えるのではなく、協力して現実社会で人々の問題解決をしていくということもできると考える。また、救済力がある人生相談が急務であることが、アドラーの霊言の解説で次のように指摘されている。

（筆者注：幸福の科学の）支部長たちは、この「人生相談」のところが十分にはできていないのではないかという気はします。

一方、総裁としては、教団が大きくなっているので、個人相談的な話はあまりできません。やはり多くの人に共通するような概論か、あるいは理論的な枠組みでの話をすることが増えているわけです。したがって、「支部長のレベルに下ろして、信者の相談に乗れるか」といっても、そうはできないところがあるのですが、そのへんが、実は支部に人が十分には来ていない原因になっているのではないかという感じがします。

『公開霊言　アドラーが本当に言いたかったこと。』34〜36ページそこで、具体的な人生問題の処方箋については、「貧・病・争」に沿って次節で解説していく。

一方、幸福の心理学では、単に問題解決するだけでなく、より高次な幸福を目指していく。人間幸福学では、人間の幸福には4段階あることが明らかにされている。

●第一段階が「自分が肉体人間だと思わずに、霊的な人生観（神や仏などに対する信仰心を持って、日々を生きる）を持つことができる」こと。

●第二段階が「霊的人生観を持った人間が、利他的な考えを持って人生を生きる」こと。

●第三段階が「死んでから後に影響力が出て、後世まで大きく遺るもの、『後世への最大遺物』を遺すことができる」こと。

●第四段階が人生最高の幸福で「真理を知り、真理に生きる」こと。

『幸福の科学大学創立者の精神を学ぶⅡ（概論）』１１１〜１２８ページ参照

さて、より高次な幸福を目指す上で、何を指標にしたらいいのだろうか。参考になるのが古今東西の「偉人たちの生涯」である（『新・心の探究』１９０〜１９３ページ参照）。今後、真理心理学では、数多くの偉人伝研究を重ねて、より高次な幸福に到る考え方を体系化していかなければならない。これに関しては、最終節において、今後の研究の方向性を示したいと思う。

（２）多次元霊界と心の多重構造

二つ目は、心の多重構造論になる。真理心理学では、多次元霊界との兼ね合いから「心の多重構造論」を解明している。心の構造論では、ユング心理学の心の三層構造（表面意識・個人的無意識・集合的無意識）が特記すべきものだが、幸福の科学教学からすると未熟だと言わざるを得ない。さらに、心の構造と霊界との関わりも説明されていない。また、霊性を強烈に打ち出しているトランスパーソナル心理学でさえ〝漠然〟とした霊界説明に終始していて、あの世の多次元構造（多次元宇宙論）をクリアーに説明できていない。加えて、心の多重構造を論ずるにあたっては、「波長同通の法則」「守護・指導霊」「魂の兄弟理論」「憑依の原理」の論点が外せない。

さて心の多重構造論に入る前に、心の定義をしておかなければならない。フロイトのような唯物論的心理学者は、心を「脳機能」と捉えているが、実際は、心は脳にはない。世界中で多数報告されている臨死体験（注5）を見ても、脳機能が完全に止まった状態で、本人の周りで起きていることを見たり聞いたりできるからだ。また、臓器移植で、心臓移植後にドナーの性格が、レシピエントに移ってしまったという臨床報告（注6）などを見ても、脳だけが心を司っているわけではないことがよくわかる。

大川総裁は、心を「魂のなかの中核部分」と定義している（『太陽の法』１００～１０５ページ、『幸福の科学大学創立者の精神を学ぶⅠ（概論）』１０３ページ参照）。魂とは、人間の肉体にスッポリ入っている霊的エネルギーのことだが、心の部位はどこにあるかといえば、胸のあたりに中心があり、ここで主に、「意思、感情、本能」を司っている。さらに心の作用として「知性、理性」と「悟性」の二つがあり、脳にある心の出先機関が知性と理性の機能を果たし、下腹部～心臓～脳を貫いた部分が悟性の機能を果たしている。なお、私たちは悟性によってこの世を超えた四次元以降の霊界にアクセスできるようになる。

実は、心は何重もの多重構造になっている。心の中には四次元、五次元、六次元、七次元、八次元、九次元それぞれにつながる層がある。そして、魂もまた、四次元にいる間は幽体、五次元では霊体、六次元では光子体、七次元では光神体、八次元では神体、九次元では光のエネルギー体と、いわばタマネギ状にその姿を変える（注７）（『神秘の法』１９６～１９８ページ、『新・心の探究』１４１～

147ページ、『大川隆法霊言全集　第21巻』参照)。各層は「波長同通の法則」によって区切られていて、心がどのような精神性を持つかによって波長が決まり、その波長に応じて各霊界に同通する。上段階の霊界に行くほど、心の波長が精妙になり、光り輝く霊エネルギーの根源体（つまり、根本仏）へと近づいていく。

なお、「守護霊」や「魂の兄弟」は本人の心の一部であって、現代心理学の「無意識」という言葉に置き換えられる（『公開霊言　アドラーが本当に言いたかったこと。』16～17ページ参照)。表面意識と無意識の中間部分にあるのが「想念帯」（想念帯とは記憶媒体のようなもの。仏の光に親和性のある想念は金色で書かれ、仏の光を拒むような想いは灰色で書かれる。このテープの色がくすむと、表面意識と無意識がアクセスしにくくなる）である。反省的瞑想により想念帯の曇りを晴らすことで、いずれかの次元にいる守護霊や魂の兄弟たちが、本人の表面意識に霊的インスピレーションを与えられるようになる（『幸福の科学とは何か』172～174ページ参照)。さらに守護霊より霊格が高く、本人とは別の霊存在を「指導霊」と言い、本人の力を超えて大きな仕事を期待されている場合、指導に入る。現代心理学では「スピリチュアル・ガイド」とも呼ばれる（注8）。一般には、より高次元からの霊指導が得られるほど運命が好転していく。

ただ、霊的影響は良いものだけではなく、悪いものもある。それが悪霊や悪魔からの憑依である。心の調律が乱れてくると、波長同通の法則により四次元霊界の一部に浸食している地獄界に同通し、悪霊や悪魔に憑依されるようになる。憑依が長引くと霊障になって、うつ病やがんなどさまざまな病気の原因となる。心の調律が乱れるのは、人生でぶつかる悩みのせいであり、一つひとつ解決し、心を調和させなければならない（つまり、不幸の心理学）。さらには、心の波長を高次元霊界に合わせていくことによってより高次な幸福を得られるようになるのである（つまり、幸福の心理学）。

（3）三世（さんぜ）を貫く心理学

三つ目は、心の時間論である。既存の心理学では、すべてが〝今世〟の過去、現在、未来にフォーカスしていたが、真理心理学では、今世だけでなく、過去世（かこぜ）や未来世（みらいせ）も射程に入れる。なぜなら真理心理学は「人間は永遠の魂を持っていて、転生輪廻（てんしょうりんね）を繰り返しながら、魂修行している」という霊的人生観を前提としているからだ。

霊的人生観を考える上で必須なのが「カルマの法則」である。現在の人生問題は、今世だけでなく過去世に起因していることがある。過去世で解決しない問題は、カルマとして残り、次の転生の時に解決しなければならない。もし、上手に解決し「カルマの刈り取り」ができれば、魂は成長することになり、より幸福な未来世が開けてくる。逆に、カルマの刈り取りができないと、何転生しても同様の問題が現れてくる。劣悪な家庭環境のため自分の〝生まれ〟を恨む人もいるが、実は、カルマの刈り取りのために、生まれる前に自分でその環境を選んできているのだ。

なお現代心理学でも、前世記憶について世界的に調査している研究グループがある（注9）が非常にマイナーな勢力にとどまっていて、他の研究者たちからは、前世記憶は「偽りの記憶」（フォールスメモリー）として否定されている。また、退行催眠をかけて前世記憶を思い出させて治療する「前世療法」がある（注10）が、これについては大川総裁から次のような問題が三点指摘されている。

①地獄の部分が出てこない。
②中間生の部分において霊界の生活が出てこない。
③憑依霊と前世を区別する明確な基準がない。

『ザ・ヒーリングパワー』94ページ参照

そのため、退行催眠は、幸福の科学教学から見ると、心理療法としては不十分であると言える。

では、こういった問題点を解決するにはどうしたらよいだろうか。

詳しい説明は別の拙著（注11）に譲るが、結論だけ述べると「三世を見通す悟性」が必要となる。この心の力を発揮した究極のモデルとして、大川総裁の霊言集が挙げられる。そこでは古今東西の偉人・著名人たちの過去世や死後の霊的生活が述べられている。たとえば、現在までの霊査によれば、ユングの過去世が、平安時代の高僧・空海であることが明かされている。確かに、ユングも空海も共通して、生前は霊能力を持ち、曼荼羅（まんだら）に関心を持っていたことは歴史的事実である。

また、心理学の三巨頭の死後の行き先を見ると、フロイトは地獄、アドラーは七次元、ユングは八次元とされていて（『公開霊言　アドラーが本当に言いたかったこと。』等参照）、生前の心境が死後の霊界生活を決めていることがよくわかる。

以上、真理心理学とも呼べる「人間幸福学から導かれる心理学」について、既存の各心理学と比較する形で解説してきた（表②）。これからの社会はますます急速に発展し、多様化していくことが予想される。そういった現実社会にあって、真理心理学は〝単なる机上（きじょう）の空論〟にならないよう実際に「救済力がある学問体系」でなくてはならない。また、最近の科学技術の進歩はめざましく、人工知能の急速な進歩に見られるように、人間とロボットの境界が曖昧になりつつある。ロボットの知能が人間を超えるような近未来社会にあって、真理心理学は「心」というキーワードから「人類の目指すべき方向性」を指し示していく必要があるだろう。

こういった社会の心理学的ニーズに応えるべく、HSUでは以下のような各種授業科目を取り揃え、多角的に学べるようになっている（なお、わかりやすいように著者の責任の下、不幸の心理学系か、幸福の心理学系かで

表②

潮流	学派	特徴	霊性	時間軸
1	精神分析学	不幸の心理学	−(+)	（今世の）過去
2	認知行動主義	不幸の心理学	−	（今世の）現在
3	人間性心理学	幸福の心理学	±	（今世の）現在〜未来
4	トランスパーソナル心理学	幸福の心理学	+	（今世の）現在〜未来
5	ポジティブ心理学	幸福の心理学	+	過去〜現在〜未来
6	真理心理学	不幸の心理学＆幸福の心理学	+++ 多次元霊界	過去世〜今世〜未来世

単純化してご紹介する。２０１９年1月7日現在）。

【ＨＳＵで学べる心理学系科目】

《不幸の心理学系》現代心理学入門、学習心理学、認知心理学、臨床心理学Ⅰ・Ⅱ、心身健康科学Ａ・Ｂ、心身医学とスピリチュアリティ

《幸福の心理学系》幸福とポジティブ心理学、幸福と人間科学、幸福度指標と現代日本

《どちらも》統計学、心理学実験、人間と心理、生涯発達心理学、ビジネスパーソンのメンタルヘルス、社会心理学、宗教心理学

3. 人生問題「貧・病・争」への処方箋

ここからは、真理心理学の「抜苦の部分」（つまり、不幸の心理学）の具体的展開について解説していく。

なお本節では「貧・病・争」に沿ってまとめていくが、人間幸福学では「『貧・病・争』**の解決は、言葉を換えると、『どうすれば不幸な状態から幸福になれるか』ということ**」（『幸福学概論』33～34ページ）と説かれている。

「貧・病・争」を中心とした不幸の解決が宗教の基本的原理であり、宗教学の〝親戚〟である心理学の役割でもある。

(1)「貧」の解決

悩みの7~8割は、経済力がつくと解決すると言われている(『常勝思考』59~63ページ参照)。そこで真理心理学から経済的悩みの解消の方法を挙げていく。

悩んでいる時、人は「感情的」になっていることが多いものだが、悩みに対しては理性的な対応が必要である(『奇跡の法』32~34ページ参照)。自分の経済状況を〝数〟で表して「理性的」に考えると心が落ち着いてくる。特に財務の基本原則は「収入より支出を少なくする」ということ(『凡事徹底と独身生活・結婚生活』33~34ページ参照)である。紙一枚でいいので毎月の収入と支出を書き出してみることで、具体的な問題点が見えてくる。

その上でまずは、無駄な支出を削減していく。支出リストに優先順位をつけて、優先度が低いものから削っていく。クレジットカードをあてにして「先に買って、後から支払う」型の浪費癖(ろうひぐせ)がついている人が結構いる。面白いことに、心理学の先行研究では「先に払って、後に消費する」ほうが幸福感が高くなるという結果が出ている（注12）。将来の収入をあてにせず、現在の現金収入内で生活する堅実さが求められる。

次に、収入を上げる行動に移る。その際、お金（富）に対する考え方をキッチリ固めておかなければならない。「貧しくても、心がきれいであれば良い」という清貧思想や「お金持ちに嫉妬して、結果平等が良い」という左翼思想に染まっていると、無意識で富を拒否してしまうので、収入が上がることはない。富の本質とは「多くの人々の役に立っている」「多くの人々から感謝されている」ということ（『繁栄思考』79～90ページ参照）なので、正しい富の考え方を無意識に刷り込んで具体的に実践していく。

その際、幸福の科学教学では五つの指針が説かれている。

①他との「差別化」を図ること（与えられた仕事に〝プラスアルファ〟の工夫をつ

けていく）。

②「社内企業家」の精神を持つこと（指示待ち族ではなく、たとえ平社員であっても経営者のような〝プロ意識〟を持って仕事をする）。

③「同業他社」を研究すること（独りよがりな〝押し売り〟にならないよう、お客様目線で仕事をする）。

④「勘」を磨くこと（普段から研究や調査をしていてひらめく「勘」は、科学的合理性を伴うのであたる率が高くなる）。

⑤クレームを「経営改善の種」にすること（クレームを会社全体で共有して、改善していく）。

『希望の経済学入門』50〜98ページ参照

（2）「病」の解決

病気の解決においてまず知っておくべきは、ストレスは万病の元であるということだ（『超・絶対健康法』16～19ページ参照）。ストレスを抱えると心の調和が乱れ、霊障になり幽体が変化し、だんだん肉体のほうにも病変が現れてくる（霊的な直接作用）（『超・絶対健康法』42～44ページ参照）。また、ストレスによる暴飲暴食や運動不足が病因にもなる（肉体的な間接作用）（『心と体のほんとうの関係。』233～234ページ参照）。現代医学では、薬物療法などの「対処療法」がほとんどであるため、一時的に症状を和らげられてもぶり返してくる。心の問題まで掘り下げ、ストレス対処をしなければ「根本治療」にはならない。

ストレスを溜めやすい性格として「完璧主義」が挙げられる。完璧主義者は、結果至上主義になりやすいため、結果に到るまでの途中のプロセスを楽しめない。自分の思ったように結果が出なかったり、途中で失敗したりすると〝全否定〟してしまう（全か無かの思考）。加点主義より減点主義なので、だんだん自分に自信が持てなくなってくる。したがって、ストレスを減らすには、完璧でなくていいので、「8割主義」で〝ベター〟な結果になるよう考えることだ（『凡事徹底と人生問題の克服』115〜117ページ参照）。また「パレートの法則」（全体を構成する2割が、残りの8割の成果を生み出すという法則）を使って、重要な2割の部分以外を〝見切る〟ようにして、そこに自分の戦力を集中させることも効果的だ（集中の原理）。大きな案件は細分化し（細分化の原理）、リストアップして、優先順位が高いものから一つひとつ処理していき、順位が低いものは切り捨てる覚悟が必要である。

さらにストレス発散に有効なのが「瞑想」である。静かな時間を取って、ゆっくり腹式呼吸をしながら自分が「金色の珠（たま）のような霊体」になっているイメージを心に描く。「金色の珠のような」とは「完全無欠」ということを意味し、あらゆる病気を撃退する瞑想法として勧められている（『ザ・ヒーリングパワー』51〜52

ページ参照）。

ここで注意しておきたいのが、病気がすべて治ればいいわけではないということだ。特に奇病・難病の場合は、病因として「カルマの刈り取り」や「人類の教師役として病気になっている」場合があるからである（『心と体のほんとうの関係。』１５９〜１７１ページ参照）。たとえば、過去世で他人を斬り殺したことがある人は、その斬り殺した人数分だけ今世で外科手術で切られるような病気（がんなど）になってカルマの刈り取りをすることがあるようだ（『ザ・ヒーリングパワー』２１８〜２２８ページ参照）。また、生まれつき障害を持った方々は、健常人が「健康でいることがあたり前ではなく、ありがたいことである」ことを教えてくれる人類の教師役の面もある。

最後は神仏に全託して、たとえ病気が治らなくても心を磨いていくことである。その時こそ、神仏の光が心に降り注いできて「奇跡を感じる」瞬間が訪れる。病気は心を磨くチャンスなのである。

（3）「争」の解決

アドラーは「われわれには、対人関係の問題以外の問題はない」と喝破している（注13）が、確かに、能力があっても〝協調性〟がなければ、リストラされやすいという現実もある。対人問題は一般的には、「ものの考え方の違い」から始まるが、それが「いろいろな見方がある」と知ることや「寛容さ」「包容力」につながり、人間関係の調和が図られてくる（『心を癒す　ストレス・フリーの幸福論』62～99ページ参照）。

自分の見方が狭まっている時は、「自分が、自分が」と自己中心になっていることがほとんどである。視野を広げるには「自分がいかに生かされているか」を知ることだ。ポジティブ心理学でも、感謝が人間関係を調和し、ストレスを軽減することが証明されている。特に「自分の両親への感謝」が効果的である。両親との葛藤が、現在の対人問題の〝根っこ〟にあることが多いからだ。独り静かな時間を取って、これまでの人生を年代別に区切って（小学校前、小学校、中学校、高校、……、現在など）親から「してもらったこと」と「してあげたこと」をじっくり思い出し、それぞれリストアップしていく（愛の貸借対照表）（『幸福の原点』31～89ページ参照）。するといかに自分が「親から与えられてきた」かがよくわかる。自然に感謝の思いが湧いてきて、〝お返し〟の人生を歩みたくなってくる（『青銅の法』２８９～２９０ページ参照）。現在の対人問題の解決のヒントも得られるはずである。

最も大事な感謝は、「神仏への感謝」である。神仏は、私たちに永遠の命を与えられ、たとえ過ちを犯して地獄に堕ちても、悔い改めれば罪を許し、生まれ変わって魂が成長するチャンスを与えてくれる。私たちは、この神仏の慈悲に、日々感謝を捧げなくてはならない。また、神仏への感謝から、他人への寛容な気持ちは生まれる。すなわち、すべての人は「神仏の子」であり、ある意味で魂の兄弟である。たとえ、ものの考え方が違っていたとしても、お互いの個性を認め合い、それぞれの「強み」を生かしていかなければならない。お互いの個性を理解しようとする気持ちは、憎しみや怒りを乗り越える「許し」の原理でもある（『瞑想の極意』158～162ページ参照）。

４．幸福の心理学としての偉人伝研究

最後に、真理心理学が偉人伝研究を進める際の羅針盤（らしんばん）を次ページ表③のようにまとめてみた。晩年のマズローが辿り着いた欲求の６段階目（１６２〜１６３ページ参照）であっても、多次元霊界の七次元を指しているに過ぎず、八次元以上の心理研究が不十分であることがわかる。人間幸福学の幸福の４段階説（１７０〜１７１ページ参照）では、３段階目以降の研究の余地が残っている。

人間幸福学では、学問の本質について次のように定義されている。


結局、学問そのものは、この地上に人間として生まれて、見聞きし、体験し、感じ取る森羅万象（しんらばんしょう）について、「真理とは何か」を探究することです。

あるいは、もっと広げれば、「真・善・美」でしょう。やはり、「真理とは

何か」「善とは何か」「美とは何か」ということを探究していくところに、学問の本質があるのです。

『幸福の科学大学創立者の精神を学ぶⅡ（概論）』38ページ

経典（きょうてん）『黄金の法』には、神の視点から菩薩や如来などの偉人の歴史が説かれているが、こうした偉人たちの研究を通して、どんな個性であってもより高次な幸福を得られるような道筋を体系的に提示していくことも真理心理学の今後の使命になるだろう。

表③

次元霊界（座標軸）	マズローの欲求の六段階説	人間幸福学の幸福の四段階説	愛の発展段階説
4（時間）	①生理的欲求 ②安全の欲求		本能の愛
5（善）	③所属と愛の欲求 ④承認の欲求	①霊的人生観（善）を持てる	愛する愛
6（真理知識）	⑤自己実現の欲求	①霊的人生観（真理知識）を持てる	生かす愛
7（利他）	⑥自己超越の欲求	②利他に生きる	許す愛
8（慈悲）		③後世への最大遺物を遺せる	存在の愛
9（宇宙）		④真理を知り、真理に生きる	救世主の愛

（注１）千田要一著『幸福感の強い人、弱い人』（幸福の科学出版）
（注２）フロイト著『幻想の未来／文化への不満』（光文社）90ページ
（注３）カール・ユング著『ユング自伝１』（みすず書房）／カール・ユング著『ユング自伝２』（みすず書房）
（注４）千田要一著『現世療法』（クラブハウス）
（注５）たとえば、ジェフリー・ロング、ポール・ペリー著『臨死体験　９つの証拠』（ブックマン社）
（注６）たとえば、クレア・シルヴィア、ウィリアム・ノヴァック著『記憶する心臓』（角川書店）
（注７）四次元は、私たちの住んでいる三次元世界の「縦・横・高さ」に「時間」を加えた4本の座標軸からなり、すべての人間が死後にまずおもむく霊界。五次元は、四次元に「精神（善）」の座標軸が加わり善人たちが住んでいる霊界。六次元は、さらに「真理知識」の座標軸が加わり、各界の専門家たちが集っている霊界。七次元は、さらに「利他」の座標軸が加わり、「愛」と「奉仕」に生きている人たちの霊界。八次元は、さらに「慈悲」の座標軸が加わり、無限の愛の供給者であり、ほんとうの指導者たる資格をそなえた人の霊界。九次元は、「宇宙」という座標軸が加わり、救世主の霊界。（『太陽の法』幸福の科学出版、34～42ページ）
（注８）千田要一著『ポジティブ三世療法』（パレード）
（注９）ジム・B・タッカー著『転生した子どもたち』（日本教文社）
（注10）ブライアン・L・ワイス著『前世療法』（PHP研究所）
（注11）千田要一著『現代医学の不都合な真実』（パレード）
（注12）エリザベス・ダン、マイケル・ノートン著『「幸せをお金で買う」５つの授業』（中経出版）
（注13）アルフレッド・アドラー著『人生の意味の心理学（下）』（アルテ）85ページ

【参考文献】

大川隆法著『「幸福の心理学」講義』（幸福の科学出版）
大川隆法著『フロイトの霊言』（幸福の科学出版）
大川隆法著『「人間幸福学」とは何か』（幸福の科学出版）
大川隆法著『公開霊言　アドラーが本当に言いたかったこと。』（幸福の科学出版）
大川隆法著『幸福学概論』（幸福の科学出版）
大川隆法著『幸福の科学大学創立者の精神を学ぶⅡ（概論）』（幸福の科学出版）
大川隆法著『新・心の探究』（幸福の科学出版）
大川隆法著『大川隆法霊言全集　第21巻』（幸福の科学）
大川隆法著『太陽の法』（幸福の科学出版）
大川隆法著『幸福の科学大学創立者の精神を学ぶⅠ（概論）』（幸福の科学出版）
大川隆法著『神秘の法』（幸福の科学出版）
大川隆法著『幸福の科学とは何か』（幸福の科学出版）

大川隆法著『ザ・ヒーリングパワー』（幸福の科学出版）
大川隆法著『常勝思考』（幸福の科学出版）
大川隆法著『奇跡の法』（幸福の科学出版）
大川隆法著『凡事徹底と独身生活・結婚生活』（幸福の科学出版）
大川隆法著『繁栄思考』（幸福の科学出版）
大川隆法著『希望の経済学入門』（幸福の科学出版）
大川隆法著『超・絶対健康法』（幸福の科学出版）
大川隆法著『心と体のほんとうの関係。』（幸福の科学出版）
大川隆法著『凡事徹底と人生問題の克服』（幸福の科学出版）
大川隆法著『心を癒す ストレス・フリーの幸福論』（幸福の科学出版）
大川隆法著『幸福の原点』（幸福の科学出版）
大川隆法著『青銅の法』（幸福の科学出版）
大川隆法著『瞑想の極意』（幸福の科学出版）
大川隆法著『黄金の法』（幸福の科学出版）

千田要一著『幸福感の強い人、弱い人』（幸福の科学出版）
フロイト著『幻想の未来／文化への不満』（光文社）
カール・ユング著『ユング自伝1』（みすず書房）
カール・ユング著『ユング自伝2』（みすず書房）
千田要一著『現世療法』（クラブハウス）
ジェフリー・ロング、ポール・ペリー著『臨死体験　9つの証拠』（ブックマン社）
クレア・シルヴィア、ウィリアム・ノヴァック著『記憶する心臓』（角川書店）
千田要一著『ポジティブ三世療法』（パレード）
ジム・B・タッカー著『転生した子どもたち』（日本教文社）
ブライアン・L・ワイス著『前世療法』（PHP研究所）
千田要一著『現代医学の不都合な真実』（パレード）
エリザベス・ダン、マイケル・ノートン著『「幸せをお金で買う」5つの授業』（中経出版）
アルフレッド・アドラー著『人生の意味の心理学（下）』（アルテ）

第５章

人間幸福学としての「国際教養」

地政学で読み解く世界情勢

Matsumoto Yasunori
松本 泰典

1．人間幸福学と国際教養

（1）「公的幸福」探究の具体化としての「国際教養」

ＨＳＵでは、語学学習や国際教養を重要視している。第１章でも触れられている通り、全世界の幸福という使命が人間幸福学に含まれているからだ。

第１章と重複するが、再度、大川隆法総裁の幸福学の定義を引用する。

> われらが説く「幸福学」とは、「人生万般、あるいは、会社を含め、組織、社会全般、そして、国家全般、さらには、国家間、世界レベルでの幸福とは何か、平和とは何なのか。そして、目指すべき未来とは何であるのか」という大きなテーマも含んだ「幸福学」であると言うことができると思います。

『幸福学概論』152ページ

したがって、人間幸福学の中には国家間、世界レベルの幸福を目指すための「国際教養」も含まれる。

（2）世界を牽引（けんいん）する力となるために

「国際教養」という言葉は、近年、諸大学が競って新設している学部の名称として一世を風靡（ふうび）している。国際教養学部の主要科目は、概（おおむ）ね国際政治や国際経済、英語コミュニケーション、異文化理解などが中心となっている。

しかし、大川総裁が言うように、国際教養学部の定義は定かではない（『「国際教養概論」講義』参照）。

国際教養と関連の深い用語として「グローバル人材」がある。文科省の主導で

2014年より導入された「スーパーグローバル大学」事業により、多額の助成金を目当てに数多くの大学が指定校認定を獲得するために「グローバル人材」の輩出を掲げ、こぞって国際教養学部をはじめとする国際系学部を新設しはじめた。

「グローバル人材」の定義は不明瞭な点が多いが、民主党政権時代に内閣官房に設置された「国際戦略室」が掲げた定義は、次のようなものだった。

要素Ⅰ：語学力・コミュニケーション能力

要素Ⅱ：主体性・積極性、チャレンジ精神、協調性・柔軟性、責任感・使命感

要素Ⅲ：異文化に対する理解と日本人としてのアイデンティティー（注1）

ここで示されている「グローバル人材」には、目的がない。何のためのグローバル人材なのかが不明瞭である。ここには、「国際社会に恥をかかずにやっていける」といった自己卑下的な方向性しかない。

大川総裁は次のように述べている。

今、日本に求められているのは、どこかの国の模倣をすることではありません。日本がまねるべきものは、もう、ほとんど残っていないのです。（中略）
私たちは、今、次の「新しいモデル」をつくらなければいけない時代に来ているのです。そのことを知らなければいけません。昔は、まねでもよかったのですが、今は、どこかにあるものをまねるだけでは駄目です。恥じることなく、「新しいモデル」を提示しなければいけないのです。

『繁栄思考』126〜127ページ

「グローバル人材」は、やはり諸外国に追随するのではなく、日本人として世界を牽引する役割・使命を持つ人材でなければならない。
そのためには、語学力、特に英語力は不可欠であり、加えて世界の動きを知り、動きの背景を知り、一定の価値判断を行い、あるべき方向性を発信できるだけの能力が求められる。HSUでは、このような資質をこそ「国際教養」と定義したい。

2. 地政学を学ぶ重要性

(1) 世界の動きを知るには地政学の視点が重要

世界の動きやその背景を知るためには、リアリズムの視点が必要である。日本のマスコミや知識人の言論の多くはリベラリズムの視点、すなわち国際協調をこそ当然視する論調が支配している。しかし国家には、建前としての国際協調とは別に、自国の国益を中心に考える利己的な視点、つまり「国家の本音」があり、それを知ることは、今後の世界情勢を読み解く上でとても重要だ。

そして地政学こそ、国家の本音を知り、今後の動向を読み解く上で大切な学問なのである。地政学とは、帝国主義的な「国家の本音」、すなわち覇権主義や領土拡張といった利己的な野望に焦点をあて、主に地理的な条件と国家間の国際力学の関係を研究する学問である。日本においては、地政学は、戦後、ＧＨＱから研究を禁止されたために、教育の日陰へと追いやられてきた分野である。したがって、日本の言論には地政学的な視点が欠けており、中国の覇権主義的脅威などのリアルな国際問題に対して充分な関心が示されない傾向が強い。

（２）地政学とは

地政学は、国家と国家が国益をかけて衝突する時、地理的条件がどのように影響するかを論じる。

戦後日本の地政学を支えた倉前盛通（くらまえもりみち）氏は、「悪の論理」というキーワードを掲げ、次のように語った。

「ずっと絶え間なくつづいてきた国際力学の実態を、デモクラシーとか、自由とか、革命とか、人民解放などという美名をかぶせることによって、見て見ぬふり

をしていた日本人が、ようやく、本気になって見つめ始めたというにすぎないのである」（注2）

また、倉前氏からバトンを受け継いだ奥山真司氏は、「地政学とは、国家間の戦略をむき出しにした〝悪の論理〟である」（注3）と述べている。

地政学の立場を端的に示す名言に、パーマストン卿の次の言葉がある。

「永遠の味方や敵がいるのではない、ただ永久の利害があるのみである」

パーマストン卿は、19世紀半ば、アヘン戦争をはじめとする大英帝国の外交を支えた名宰相であり、チャーチルと並び、イギリス国民で最も人気の高い政治家である。

地政学は、大きく分けて英米地政学とドイツ地政学がある。倉前氏の『悪の論理』によれば地政学の流れは次のようになる（注4）。

イギリスの地政学は、オックスフォード大学で地理学科を創設したハルフォード・ジョン・マッキンダーから始まる。マッキンダーは、覇権国家をランドパワーとシーパワーに分類し、「人類の歴史はSea powerとLand powerの闘争の歴史である」という説を提唱した。ランドパワーとは、ロシアやドイツのように大陸内で領土拡張により覇権の拡張を目指す国家であり、シーパワーとはイギリスやアメリカのように、海洋国家として各地に植民地を広げる国家である。

19世紀当時の世界は、最大のシーパワー大英帝国と最大のランドパワーロシアの覇権争い（ザ・グレート・ゲーム）によって二分されていた。日露戦争におけるイギリスの関与もザ・グレート・ゲームの一局面であった。第二次世界大戦後、イギリスは衰退し、覇権争いは米ソの冷戦へと移行した。

英米は共にシーパワーであったことから、英米地政学はシーパワーに主眼を置いている。

アメリカにおける地政学は、アルフレッド・セイヤー・マハンによるシーパワーの地政学として大きく発展を見る。マハンは、アメリカ海軍の軍人であり、戦略研究家として、セオドア・ルーズベルト大統領時代に、アメリカが太平洋に覇権拡張し、シーパワーとして躍進するシナリオを説いたことでも知られる。ちなみに、明治時代に秋山真之(さねゆき)がアメリカ留学時代に師事したのがマハンである。マハンは、「いかなる国も、大海軍国と大陸軍国を同時に兼ねることはできない」という説を主張している。現在、ランドパワーである中国が海軍増強によりシーパワーとしての発展を目指している中、マハンの言葉には感慨深いものがある。

一方、ドイツ地政学は、地理学者フリードリッヒ・ラッツェルに始まる。ラッツェルは、「国家は生物と同じように成長する組織体であり、生存するために一定の領域、つまり生存圏（Lebensraum）が必要である」ということを主張した。生き物である国家が成長するために必要な領土を「レーベンスラウム（生存圏）」と呼び、国家が発展する時、レーベンスラウムの拡張は不可欠であるとして、帝国主義的な領土拡張を肯定した。

ラッツェルの主張は、スウェーデンのルドルフ・チェレーンに受け継がれ、自給自足論（アウタルキー）へと体系化される。彼は、「国家は自給自足（Autarky）

する必要があり、自分らの必要とする資源を自分の支配下におく権利がある」ということを主張する。ラッツェル、チェレーンの思想は、カール・エルンスト・ハウスホーファーによってドイツ地政学として完成し、その後のナチス・ドイツの侵略国家としての思想的土台となった。

ラッツェル及びハウスホーファーにより確立されたドイツ地政学は、その後、中国に受け継がれ、「レーベンスラウム」は「戦略的辺疆（へんきょう）」と名を変え、中国地政学が構築され、中国の覇権主義的領土拡張の野心の理論的正当化のツールとなっている。

（3）地政学で見えてくるもの

近年において日本が関係する地政学的状況としてさまざまな事例がある。たとえば、南シナ海における中国の埋め立てと軍事施設の建設だ。

南シナ海は、パラセル諸島（西沙諸島）、中沙諸島、スプラトリー諸島（南沙諸島）の三つの諸島を含み、中国はパラセル諸島をベトナムと、中沙諸島を台湾及びフィリピンと、スプラトリー諸島をベトナム、フィリピン、台湾、マレーシア、ブルネイと領有権をめぐり係争関係にある。大規模な埋め立て及び施設建設を進めているのはスプラトリー諸島である。１９８８年にこの海域で中国とベトナムが衝突し、スプラトリー諸島海戦が起きた。中国はこれに勝利し、それ以降、中国の実行支配が進み、現在に至っている。

スプラトリー諸島の滑走路（かっそうろ）や軍事施設の建設を進める中国は、南シナ海の制海権を得ることになる。

大川総裁は次のように述べている。

中国にフィリピンのほうまで軍用基地をつくられ、あの一帯を支配されると、日本のタンカーは南回りでも入ってこられなくなるわけです。（中略）

先の第二次大戦が始まったとき、日本は石油の七十パーセント以上をアメリカから買っていたのです。そのアメリカが、「日本には石油を売らない」ということをしたため、日本は、インドネシアなど、ほかのところの石油を取りに行かなければいけなくなりました。アメリカ側も、もちろん、それを知っていながら石油禁輸をやったわけですが、このように、燃料を止められるというのは大変なことなのです。

『真の平和に向けて』47～50ページ

つまり、この海域を中国が完全支配することになると、日本と中東を結ぶ海上輸送路（シーレーン）が分断されるため、石油の85％を中東からの輸入に頼る日本にとっては大きな脅威となる。

地政学的にはシーレーンの確保は最重要課題であるが、地政学的視点に欠ける日本のマスコミは、南シナ海の問題の深刻さを伝えず、楽観視している。先の日米の開戦が、石油の70％をアメリカからの輸入に依存していた日本が禁輸により石油の供給が止められたことが引き金であったことを考えると、石油の安定確保と深く関連するシーレーン分断の脅威は、決して楽観できるものではない。原子力発電やシベリアからの新規供給源の開拓など、早急な施策が求められる。したがって、南シナ海の中国の実行支配を看過することは、日本にとって計り知れない地政学的リスクがある。残念ながら、地政学的視点がなければ、この危機感は見えてこない。

もちろん、太平洋からインド洋にかけて制海権を保持する米海軍が睨みをきかせている現状では、中国による南シナ海の完全支配は容易ではない。２０１７年よりトランプ政権は、「航行の自由」作戦により、繰り返し中国への牽制を行っており、中国の実行支配が砂上の楼閣であることを示している。

しかし、南シナ海の状況は、地政学的に見れば、日本は決して傍観して良いものではない。この問題について危機感を持っている日本人は数少ない。主にマスコミの影響が強いが、マスコミが論拠を求める学識者に地政学の視点が弱いため、日本人は安全保障の問題に関しては常に目隠しの状態を強いられていると言える。

中国は一帯一路構想を掲げ、経済支援によりユーラシア大陸からアフリカまで中国の影響下に置くための覇権拡張事業を着々と進めている。中国はＡＩＩＢ（アジアインフラ投資銀行）を立ち上げ、資金供給の相場をつくり、東南アジア、中央アジア、アフリカの諸国に対する影響力を確実に強化しつつある。

大国が弱小国の発展を支援することについては、国際協調・共存共栄といった常套句によって美談化され、それを真正直に信じる日本人も多いが、一帯一路は地政学的には中国の覇権拡張以外の何ものでもない。

中国は、「真珠の首飾り」計画と称して、長期にわたりインド洋の制海権奪取のための布石を打ってきている。この計画には三つの目的があり、第一にインド洋の制海権、第二にインドの囲い込み、第三にマラッカ海峡を経ずして石油供給を確保するためのパイプラインの始点を獲得することである。具体的には、パキスタンのグワダル港、スリランカのハンバトゥタ港、バングラディシュのチッタゴン港、ミャンマーのシットウェイ港の四カ所に対して、港湾開発を支援する交換条件として中国海軍の拠点化を進めてきた。これら四カ所を結ぶ線がちょうどインドを取り囲む首飾りのように見えることから「真珠の首飾り」と名づけられた。

インド洋は、現在、アメリカ海軍が制海権を堅持している。そして、インド洋と太平洋を結ぶシーレーンにおいて、最重要のチョークポイント（注5）であるマラッカ海峡は、有事において米海軍が封鎖すれば、アメリカと敵対するいかなる勢力もマラッカ海峡を通過できなくなる。この状況は中国にとっては非常に不利であることから、「マラッカ・ジレンマ」と呼ばれる。

マラッカ・ジレンマを克服し、中国がインド洋を支配するためには、インド海軍の動きを封じる必要がある。そのために「真珠の首飾り」計画によってインドの囲い込みをしようとしている。

そして、中国はマラッカ海峡が封鎖されるリスクを考慮して、ここを通過しないで中東から運ばれる石油を中国に供給するためのパイプラインの建設を急いでいる。

パイプラインの始点として中国グワダル港とシットウェイ港を重要視した。グワダル港に関しては、パキスタンと半世紀にわたり良好な関係を維持している中国は、グワダル港から新疆ウイグル自治区を結ぶ「中国パキスタン経済回廊(かいろう)」を構想し、パイプライン、鉄道、幹線道路の建設を進めている。一方、シットウェイ港は、中国が援蒋(えんしょう)ルートを再開発して設置するパイプラインの始点として計画を進めていたが、インドが中国を出し抜いて港湾開発権を奪取したことで、中国はチャオピューを始点とする輸送路開発に計画変更を強いられた。

バングラディシュのチッタゴン港においても、2015年、安倍首相により港湾開発権を日本が獲得し、中国の計画に歯止めをかけている。バングラディシュの港の権益を躍起になって獲得した理由は、中国の「真珠の首飾り」への対抗策の必要性からであった。

中国の一帯一路計画は、中国の覇権拡張のための施策であり、これを放置しておくことは、覇権国家中国の増長を許し、ひいては日本への脅威が取り返しのつかないところまで悪化することになる。現在、一帯一路計画への対抗策として、日本とインドの主導で二つの計画が進められている。一つは、2017年より進められている「自由で開かれたインド太平洋戦略（Free and Open Indo-Pacific Strategy：FOIP）」である。これは、2016年8月にケニアで開催されたアフリカ開発会議（TICAD）で安倍首相が打ち出した外交戦略である。アジアとアフリカの経済成長を主軸に、南シナ海で軍事拠点化を強行する中国への牽制を念頭に置いた安全保障面での対中国の国際協調策である。

一方、ＦＯＩＰと並行して、日本とインドの主導で、「アジア・アフリカ成長回廊（ＡＡＧＣ）」プロジェクトが展開されつつある。これは２０１７年5月にアフリカ開発銀行の年次総会でモディ首相が構想を明らかにしたもので、日本とインドが協力して推し進めるプロジェクトである。このプロジェクトは、一帯一路と合わせ鏡のような活動内容であり、アジア・アフリカ諸国へのインフラ支援を主軸とした経済支援である。これは中国の一帯一路構想への明確な対抗策として打ち出されている。

インドは、アジアインフラ投資銀行に加入しており、ＢＲＩＣｓの主要メンバーであることから、中国に対しては比較的融和的な姿勢を保ってきたが、ここに至って日本と共に中国の覇権拡張に対抗する決意が示されたと言える。

中国は長年にわたりアフリカ諸国への経済支援及びインフラ整備支援を行って

きており、100万人に及ぶ中国からの移民と共に、アフリカでの影響力を強化してきた。

これに対し、日本もアフリカ開発会議（TICAD）を主導し、アフリカ諸国との経済的連携の強化に努めてきた。

一方、インドもアフリカとの関係は深く、数多くの移民が東アフリカを中心に経済的に成功している。日本もアフリカのインド人企業家を足掛かりとしてアフリカ進出する場合が多い。

アジア・アフリカ成長回廊は、アフリカで強い影響力を持つ中国へのインドと日本の連携による挑戦状であると言える。

中国の覇権主義は、日本を取り巻く国際環境において、最も重要な問題の一つである。しかし、日本においては、中国の脅威に対する危機感は希薄（きはく）で、同時に一帯一路構想の持つ意味やFOIP・AAGCの重要性に対する認識も十分とは言えない。これらの問題は、国家の安全保障とダイレクトに関連する地政学的問題の最たるものである。地政学的視点を持たないと、国際情勢を正しく読み取ることはできず、判断を誤ることになる。ひいては、日本人でありながら、親中・反日思想に染まる人々が無自覚に日本を汚染していくような事態が出てくるのである。

（4）地政学の変容

国際力学の支点を地理的条件とした地政学は、資源に絡(から)んだ領土的な対立やシーレーン、制海権を主眼に置く国家間の戦略に関心を向けていた。しかし近年では、インターネットなどの普及による情報化社会が進んだことにより、国家が国益として重要視する戦略的リソース全体に関心は広がった。たとえば、アフリカで見られる内戦や「民族浄化」の背景にある民族間及び部族間の対立関係、イスラム圏に見られる宗教対立なども地政学的関心領域に含まれる。

近年の地政学は宇宙空間における衛星軌道に関する国際力学や、サイバー空間における情報戦略なども関心領域として含まれる。

また、情報も国家の戦略的リソースであることから、地政学の研究対象となる。情報の地政学で扱われる「情報」は、政権が政策判断を行うために有用な情報、たとえば、最新の技術開発や企業の動向、市場のトレンド、紛争地域の情勢、過激派テロ組織の動向、各国の国内情勢などのみならず、各国が戦略的に情報操作を目的として展開する情報政策に関するものである。

たとえば、アメリカの合衆国広報庁（ＵＳＩＡ）は、「他国民の態度に影響をおよぼすこと（中略）により、合衆国の目的達成に資する」（注６）ことを目的として米国情報政策を担ってきたし、ＣＩＡも、ハリウッドの映画制作陣に働きかけ世論操作を行ってきた（注７）。

世論操作は、国家が自国の国益向上と敵国の弱体化のために行われる戦略的な情報政策である。それゆえ、国家の利益を考える上で、情報は重要な地政学的ファクターとなる。

3. プロパガンダ戦と地政学

(1)「南京大虐殺」というプロパガンダ

中国は、日中戦争時から戦後にかけて、積極的に情報を武器として反日プロパガンダを行ってきた。戦時においては、日本に対して負け戦が続く中国国民党が、日本の国際的な立場を貶め、国際世論を味方につけ、アメリカを戦争に引き込む目論見として、「南京大虐殺」のフィクションを英米のジャーナリストを巻き込んで行った。戦後は、国内の諸々の矛盾から国民の目を逸らすための反日教育及びプロパガンダを積極的に推進した。

　南京大虐殺という史上最大のフェイク・ニュースを反日の旗として、南京に南京大虐殺記念館（侵華日軍南京大屠殺遭難同胞紀念館）までつくり、強引な手段でユネスコの世界記憶遺産に登録するなど、徹底した国際世論操作を行ってきた。

「南京大虐殺」は、4回捏造された。

一度目は、中国国民党の中央宣伝部が対日プロパガンダとして創作した。彼らの情報発信は周到で、マンチャスターガーディアン特派員H．J．ティンパーリーを中央宣伝部の顧問として懐柔し、イギリス帰国後に発刊した著書『戦争とは何か』（"What War Means"）で「南京大虐殺」について書かせた。また、ティンパーリーの口利きでアメリカ人ルイス・C・スマイス金陵大学教授（後の南京大学）に宣伝刊行物『日軍暴行紀実』と『南京戦禍写真』を著述させた。

中国国民党中央宣伝部国際宣伝処長・曽虚白は、後に「金を使ってティンパーリー本人とティンパーリー経由でスマイスに依頼して、日本軍の南京大虐殺の目撃記録として二冊の本を書いてもらい、印刷して発行することを決定した」（注8）と語った。

中央宣伝部は南京在住の欧米人を次々と取り込み、「南京大虐殺」のプロパガンダに肩入れさせた。そのうち、『戦争とは何か』の共著者であるジョージ・フィッチは、大虐殺の様子をジョン・マギー牧師が撮影したとされる通称「マギーフィルム」を使って、アメリカ各地で「南京大虐殺」を喧伝（けんでん）して回った。マギーフィルムには、南京陥落後の光景が映されているが、そのほとんどが病院の戦傷者であり、日本軍の残虐性を証拠立てる映像は一つもない。

二度目は、戦後の極東軍事裁判において連合国によって捏造された。日本をユダヤ人虐殺を行ったナチス・ドイツと類する悪逆国家として印象づけ、原爆投下を正当化するためのプロパガンダであった。戦後ＧＨＱが行ったＷＧＩＰ（War Guilt Information Program）により自虐史観を定着させる洗脳工作との相乗効果で、「南京大虐殺」は再び捏造された。

三度目の捏造は、元朝日新聞記者・本多勝一（ほんだかついち）の著書『中国の旅』によって行われた。中国政府は朝日新聞記者・本多勝一と広岡社長を取り込み、日本人の手によって反日プロパガンダを展開させた。本多勝一は、１９７１年8月から12月まで

「中国の旅」を朝日新聞に掲載した。当時は、尖閣諸島で石油・ガス資源が発見された直後であり、中国が尖閣諸島の領有権を主張しはじめた時期である。中国の真意は領有権問題を有利に進ませることと日本からＯＤＡ（政府開発援助）を引き出すことだった。ＯＤＡはその後、１９７９年から開始している。２０１４年10月、本多は、虐殺の証拠として使った写真が誤用であったことを認めている。『中国の旅』の取材内容は、中国共産党が準備した資料に基づいており、写真や証言には捏造が多かった。

四度目の捏造は、アイリス・チャン著『ザ・レイプ・オブ・南京』によって行われた。同書は、アメリカと中国が共謀し、世界抗日戦争史維護連合会（ＧＡ）を経由してアイリス・チャンを反日プロパガンダに加担させたものと考えられる。アメリカは１９９０年代半ば、日本への原爆投下への批判の高まりに対する施策として、中国は共産党の悪政への批判をかわすための施策として、利害が一致し、日本の残虐性をプロパガンダするために「南京大虐殺」を使った。

現在、中国が「南京大虐殺」の反日プロパガンダをし続けるのは、アメリカと共に四度にわたり捏造してきたプロパガンダに乗っかっている。

「南京大虐殺」の真実については、史実の検証によりその捏造が暴露されている。たとえば、南京市民30万人を虐殺したと主張されているが、当時の南京は、多くの市民が市外へ逃げており市内の人口は20万人程度だったことが判明しており、30万人もいなかった。また、大虐殺の根拠として国民党兵の掃討（そうとう）が挙げられているが、当時、降伏勧告（こうふくかんこく）を無視して便衣兵（べんいへい）となり、略奪や放火、テロ活動を続ける国民党兵を掃討することは、れっきとした戦争中の戦闘行為であり、陥落後の南京の治安維持に不可欠の活動であった。したがって、虐殺行為とするのは誤りである。また、強姦（ごうかん）2万人説なる主張もあるが、当時の南京を占領した日本軍兵は、南京攻略戦を指揮した松井岩根大将より「南京城攻略要領」として厳しい訓示が言い渡されていた。陥落直後の犯罪記録にも強姦事件は数件のみ記録されているだけであった。当時の日本兵の規律は世界最高レベルのもので、2万件の強姦事件を起こすなど、事実無根であった。

陥落後の南京市中の写真には、非常に平和で穏やかな市民の生活が写されており、虐殺が日々横行する地獄の情景とは完全に異なるものであった。

(2) 韓国の反日主義と「従軍慰安婦」プロパガンダ

中国の反日キャンペーンと同調して、韓国は「従軍慰安婦」プロパガンダを展開している。

「従軍慰安婦」問題は、日本軍が主に朝鮮人女性を連行し、強制的に「性奴隷」としたというものだ。

1977年、吉田清治（せいじ）の『朝鮮人慰安婦と日本人』の出版を皮切りに、公演活動などで積極的に強制連行や性奴隷化について繰り返し主張し、1982年以降、朝日新聞が十数回にわたり「吉田証言」を報道したことで世論形成され、

１９９３年の河野談話を契機に、韓国から「従軍慰安婦」に関する執拗な批判、賠償請求、謝罪要求が行われるに至った。

南京大虐殺記念館と同様に、従軍慰安婦像の設置という目に見える形でのキャンペーンを行い、ユネスコの世界記憶遺産へ登録しようとした。幸いユネスコの世界記憶遺産には登録されなかったが、これらに中国の「南京大虐殺」プロパガンダと酷似したプロセスが見て取れる。

韓国が中国の反日キャンペーンに同調する理由は、朝鮮半島の事大主義のカルマが関係している。朝鮮半島は、何世紀にもわたり中国の諸王朝に服従してきた。そして、中国で王朝が交代する度に、新しい宗主国に恭順すると共に、旧宗主国に対し徹底的な批判を繰り返してきた。朝鮮半島の歴史において、日本の勃興は極めて異例だった。当時、日清戦争で清に勝利し、日露戦争でロシアを退けた日本は、朝鮮半島が新たに服従するべき宗主国であった。しかし、第二次世界大戦後、敗戦国となった日本に対して、韓国は手のひらを返し、極端な反日主義となった。

同時に戦勝国であるアメリカに恭順を示しつつ、長年にわたり従属してきた中国に対しても恭順の姿勢を見せるに至った。韓国が極端な反日主義を持ち、中国の反日プロパガンダに同調する理由はここにある。すべては事大主義のカルマによるものである。

「従軍慰安婦」問題は、史実の検証により、すべてが虚構であったことが証明されている。「従軍慰安婦」は強制連行による性奴隷ではなく、軍人を上得意とする売春婦であり、「職業」であった。強制連行の事実はなく、高収入を見込んだ女性たちが自らの意思で職業選択として慰安所で働いていたというのが真実である。

朝日新聞は２０１４年に慰安婦問題に関する検証記事において、吉田証言記事の取り消しを発表した。また、２０１７年、吉田清治の長男が、父親が韓国内に立てた「謝罪碑」の強制連行に関する碑文を虚偽とし、訂正した。

１９６５年の日韓基本条約により、８億ドルの賠償金と引き換えに韓国はすべての請求権を放棄しているため、現在行われている「従軍慰安婦」に関する要求は条約違反である。

　にも関わらず90年代より執拗に慰安婦問題を再燃させる韓国に対して、日本政府は２０１５年12月、最終かつ不可逆的解決を示す慰安婦問題日韓合意を締結（ていけつ）した。合意に従い日本政府側が10億円の拠出を履行（りこう）したが、韓国側はその直後に、慰安婦像の設置を黙認するなど、合意内容を無視した。韓国の現政権は２０１５年の日韓合意は無効であるとし、再び慰安婦問題を掲げ、日本批判を繰り返し、ユネスコの世界記憶遺産の登録申請まで行った。

　韓国にとって「従軍慰安婦問題」は、その真偽ではなく、前宗主国である日本を否定することにのみ意味があるのだ。韓国の主張は感情論であり、国家間の外交として極めて稚拙（ちせつ）であるが、朝鮮半島の事大主義的カルマという地政学的な視点で捉えると、背景がよくわかる。

　韓国は、中国のような世界戦略的な観点からの情報戦略として反日プロパガンダを推し進めているのではなく、寧（むし）ろいじめの追随者的な立ち位置であるように見える。中国に恭順を示すことと前宗主国の日本を否定すること。これらの事大主義的カルマから発する民族的衝動が韓国の反日行動の底流にある。

（3）中国の情報戦略

次に、中国の情報戦略について考えてみたい。中国は1990年代より、情報を戦争行動のための〝兵器〟として使用し出した。いわゆる情報化戦争は、主に政治戦の形式を取る。政治戦とは、「敵の思考および心理に対して執拗に攻撃を仕掛け、最終的に敵の意志を沮喪（そそう）させるために情報を使用する」（注9）ことを示す。

ヘリテージ財団アジア研究センターの中国政治安全保障担当上級研究員であるディーン・チェンによれば、中国の政治戦の概念は世論戦、心理戦、法律戦の三つのカテゴリーから構成されているという。これを三戦と呼ぶ。

世論戦は、インターネット、テレビ、ラジオ、新聞、映画など、あらゆるメデイアを駆使して、世論操作を行う。チェンは、「成功した世論戦は3つの大衆すなわち、国内大衆、敵の大衆および意思決定者（軍および民間の双方）、さらに中立国および第三国の国家および組織に影響を及ぼす。それは味方の士気を維持し、国内外の支持を促進し、敵の戦闘意欲を弱め、敵の情勢判断を変える」と説明する。（注10）

心理戦は、三戦の中心をなす。第二次世界大戦においては、ラジオ放送による心理戦が多用された。日本は、東京ローズと呼ばれる女性アナウンサーを登用し、ラジオ・トウキョウ放送によって連合軍兵士向けに、郷愁を掻き立て、戦争倦怠感を助長する心理的効果を狙った番組を放送した。

ラジオのみによるプロパガンダの効果は限定的であったが、現代に至りＩＴが進歩する中、より多彩で広範囲な心理戦が可能となっている。

通常、自国に不利なプロパガンダを行う国に対しては、反論や非難を行うものであるが、日本においては、戦後のＷＧＩＰが深く根づき、自虐史観により反日プロパガンダに同調する反日日本人の存在が、中国の反日プロパガンダを効果的なものにしてしまっている。

法律戦とは、「法律を通じて敵を支配するまたは敵を制約するために法律を用いる」（注11）ことにより心理戦及び世論戦を下支えする。中国においては、主に国内の反乱分子や反政府勢力に対する対抗策として法律が制定される。たとえば、香港の香港民族党の活動停止令により、民主化運動に制約を与えている。

反日キャンペーンにおいて、中国は世論戦と心理戦を効果的に活用している。そして、それは日本に対する明確な敵対行動として政治戦が展開されている。

中国の「南京大虐殺」プロパガンダや韓国の「従軍慰安婦」プロパガンダは、情報を捏造することにより、国際世論を操作することが意図されている。情報化戦争において、情報は間違いなく不可欠かつ強力な戦略的リソースであり、敵国の国際的な立場を貶め、敵国の士気を弱め、自国の敵対行動を正当化するための有効な攻撃手段である。したがって、これらのプロパガンダは戦争行為に匹敵する敵対行動であったし、日本の安全保障に関わる深刻な問題であると、日本政府及び国民は強く認識する必要がある。

中国の反日キャンペーンは、国内の共産党政権の悪政に対する不満を逸らす目的があると考えられるが、明らかに日本を仮想敵国と考え、情報化戦争としてプロパガンダを仕掛けてきていると考えられる。明確な敵対行為であり、ここには明らかに政治的な目論見がある。それは、中国が尖閣諸島を実行支配するなど、軍事的な侵略行動に踏み切った時の国際世論の批判をかわすための布石とする意図が読み取れる。したがって、中国の覇権主義と日本の外交戦略を考える時、平和共存的な楽観は重要な外交的判断を誤らせる危険性がある。協調主義的な楽観は、必ずや失望によって裏切られる。先にも述べたように、中国の反日プロパガンダは、通常兵器を使用しない敵対行動であると認識して、防衛手段を講じる必要がある。

4．HSUで学ぶ国際教養

（1）中国の脅威になす術がない既存の学問とジャーナリズム

しかし、現状の日本では、「中国とは隣国として関係は改善されていくだろう」といった安易な楽観主義が蔓延（まんえん）している。

既存の学問としての国際教養は、その価値中立性ゆえに、悪を看破（かんぱ）し、批判する立場に立ちにくい。

また、日本においては、国内の反日勢力、すなわち、自虐史観の汚染によって反日プロパガンダと同調する民衆や左翼（さよく）勢力が足かせとなり、必要な対抗策が打てない状態にある。「南京大虐殺」や「従軍慰安婦」に関する捏造報道で社会的信用を失った経緯があるにせよ、朝日新聞のような反日的メディアが幅を利かす日本のマスコミ環境では、十分な情報戦の戦闘力は期待できない。

ジャーナリズムにおける個人戦では、自由な意見発信はしやすいが、中国の世論操作を含む政治戦の積極展開と、一帯一路構想による政治経済的影響力の増強との相乗効果で、踏み込みの甘い意見発信では、十分な対抗策になりにくい現状がある。つまり、歪められた言論、すなわちフェイク・ニュースによる現実の捏造が幅を利かし、散発的な批判的記事による個人戦では、プロパガンダを打倒するだけの力を発揮できない。日本の場合のように、捏造によるプロパガンダによって貶められた国際的地位を回復させるには足りない。

（２）日本人は国際教養を習得する必要がある

この状況を打開するためにこそ、地政学的視点から、中国の情報化戦争をしっかり読み解き、国家として打つべき手を考え、実行に移せる国家へと日本を変革していくことが急務である。

誰かが中国の覇権主義に歯止めをかけ、理想的な国際関係を実現していかなければならない。日本及び日本人を国際社会の主体と見る時、人任せの楽観は亡国の兆しでしかない。

まずは、国際教養として、国際情勢を正しく読み取り、正しい言論発信ができる力を習得する人材を多数輩出する必要がある。

次に、個人戦ではなく、組織戦によってアンチ・プロパガンダを展開すべきである。それは第一に、日本政府が国家的施策として、プロパガンダ戦に対する防衛戦争を強力に展開することが必要である。第二に、組織戦として、新聞社などのメディアが参戦することが望ましい。しかし、それが難しいため幸福の科学は、宗教法人でありながら、リアリズムを念頭に置いた国際情勢に鋭い洞察力を持って言論活動を積極展開している。

国際教養には、コミュニケーション能力や異文化間理解といった側面もあるが、最も大切なことは、日本及び日本人が、世界を変革していくための国際社会におけるメジャー・プレーヤーとしての自覚を持って、情報化戦争を勝ち抜いていくことである。

そのためにこそ、日本人は国際情勢のリアリズムの側面に目を開き、中国の動きの裏にある本音を読み解き、有効な対策を打ち続けるための国際教養を修得する必要がある。

（３）地球ユートピア実現の力になるＨＳＵの国際教養

したがってＨＳＵにおける国際教養の目的は、国際情勢の理解、情勢に対する価値判断、そして地球的正義の観点からの意見発信にある。世界は、各国のさまざまな思惑が多面的に絡まり合っている。それをただ傍観するだけであるなら、教養は価値を持たない。国際教養とは、国際的な活動における発信を行ってこそ、その真価を発揮する。

ＨＳＵが目指す国際教養とは、傍観者ではなく変革者として、静観者ではなく発信者として世界に貢献できるために必要な教養としての専門知識、語学力、洞察力、判断力、発信力を備えることである。

地政学は、国際情勢における国家の本音を理解していくための有効な知識として取り上げた。しかし、決して地政学＝国際教養ではない。地政学は、弱肉強食的な世界における欲望剝き出しに利益追求を行い国家間の力学を理解する学問であるが、世界がいかにあるべきかという理想を伴わない。

真なる国際教養とは、神の視点に立ち、神の正義の実現のために、世界を正しく見、正しく主張し、変革を実現する能力である。そのためには、信仰の視点を外してはならない。神の視点や神の願いを知らずして、世界を正しく導くことはできないからである。

利害しかない国家間の関係は、リアリズムとしては認識すべきことだ。

しかし、信仰という利害を超越する視点が加わることで国際力学が変わる。これまでの世界宗教では、相対化された対立的構図を超えられない。ゆえに、地球的な真理を説く真に普遍的な教義を持つ新しい宗教が必要である。

大川総裁は次のように述べている。

神は、「それぞれの国の繁栄」と、それから、「同時代に共存している、関連のある国々が調和していけるような繁栄」を願っています。

それが、考え方の違いによって、対立したり、矛盾を起こしたり、激しい戦争になったりするようなら、やはり、これを調整し、平和化していくための調整原理が働き始めます。戦争に反対する人が出てきたり、あるいは、光の天使が、悪なる者を打ち砕くための勇者として、政治家や軍人となって出てきたりすることもあるのです。

このように、さまざまなかたちをとって、それを終わらせようとする原理が働くわけです。

したがって、「最大多数の最大幸福」という功利主義の原理もありますが、神は、「できたら、『最大多数』ではなく、『全員の幸福』を実現したい」と思っています。そして、実現できていないことに対しては、常に、さまざまなリーダーを地上に送り込んで、実現しようとしているのです。そうした、いわゆる「神のマネジメント」が、地球レベルで行われているのだということを知ってください。

それを教えているのが、幸福の科学の教学です。この幸福の科学の教学が世界に広がることによって、人々の理解が深まり、「どうすべきであるか」ということを、もう一歩よく考えて判断できるようになるのではないかと思います。

『正義の法』326〜328ページ

民族神的な相対的真理の中で自己完結的に空回りするキリスト教やイスラム教、本来の教義が失われ、形骸化した仏教などではなく、すべてを統合する超越的存在の真実と地球人としての生き方を示す、地球的仏法真理を説く幸福の科学の教義及び意見発信にこそ、世界を平和と繁栄に導く力が期待される。

（注1）グローバル人材育成推進会議「グローバル人材育成戦略（グローバル人材育成推進会議　審議まとめ）」2012年6月4日
（注2）倉前盛通著『悪の論理』（日本工業新聞社）25〜26ページ
（注3）奥山真司著『〝悪の論理〟で世界は動く！』（李白社）17ページ
（注4）倉前盛通著『悪の論理』（日本工業新聞社）
（注5）チョークポイントとは、シーレーンを封鎖することが可能な海峡や運河などの地理的条件を言う。制海権を持つ国がチョークポイントを押えることで有事における優位性を獲得できる。現在、ジブラルタル海峡、ボスフォラス海峡、スエズ運河、バブ・エル・マンデブ海峡、ホルムズ海峡、マラッカ海峡、バシー海峡、パナマ運河が主要なチョークポイントとして挙げられる。
（注6）H．I．シラー著『世論操作』（青木書店）53ページ
（注7）ニコラス・スカウ著『驚くべきCIAの世論操作』（インターナショナル新書）
（注8）ヘンリー・S・ストークス著『英国人記者が見た連合国戦勝史観の虚妄』（祥伝社新書）103ページ
（注9）ディーン・チェン著『中国の情報化戦争』（原書房）79ページ
（注10）ディーン・チェン著『中国の情報化戦争』（原書房）94ページ
（注11）ディーン・チェン著『中国の情報化戦争』（原書房）89ページ

【参考文献】

大川隆法著『幸福学概論』（幸福の科学出版）
大川隆法著『「国際教養概論」講義』（幸福の科学出版）
大川隆法著『繁栄思考』（幸福の科学出版）
大川隆法著『真の平和に向けて』（幸福の科学出版）
大川隆法著『正義の法』（幸福の科学出版）
倉前盛通著『悪の論理』（日本工業新聞社）
奥山真司著『〝悪の論理〟で世界は動く！』（李白社）
コリン・グレイ、ジェフリー・スローン編著『進化する地政学』（五月書房）
H．I．シラー著『世論操作』（青木書店）
ニコラス・スカウ著『驚くべきＣＩＡの世論操作』（インターナショナル新書）
ヘンリー・S・ストークス著『英国人記者が見た連合国戦勝史観の虚妄』（祥伝社新書）
アンソニー・スミス著『情報の地政学』（ＴＢＳブリタニカ）

竹本忠雄、大原康男著『再審「南京大虐殺」』（明成社）
ディーン・チェン著『中国の情報化戦争』（原書房）
東中野修道、藤岡信勝著『「ザ・レイプ・オブ・南京」の研究』（祥伝社）
水間政憲著『ひと目でわかる「アジア解放」時代の日本精神』（ＰＨＰ研究所）
水間政憲著『完結「南京事件」』（ビジネス社）

著＝**松本泰典**（まつもと・やすのり）
1964年京都府生まれ。ロンドン大学School of Oriental and African Studiesで文化人類学修士、University College London同博士課程中退。1995年、幸福の科学に奉職。ニューヨーク支部職員、ハワイ支部長、ハワイ精舎研修部長のほか国際本部指導研修局長として海外向け説法ソフトや信者養成ソフト制作等に携わる。アメリカ、カナダ、イギリス、インド等、14か国での英語説法の経験があり、ウガンダでは5000人の聴衆を前に英語で講義。現在は幸福の科学理事 兼 HSU国際担当局長として、ハッピー・サイエンス・ユニバーシティの語学教育全般を束ねる。著書に『TOEIC990点満点到達法』、共著に『夫婦でTOEIC990点満点対談』（いずれも幸福の科学出版）、監修に『なぜHSUでは英語力が急激に伸びるのか』（HSU出版会）がある。

人間幸福学のすすめ

2019年2月18日　初版第1刷

編者　HSU人間幸福学部

発行　HSU出版会
〒299-4325 千葉県長生郡長生村一松丙4427-1
TEL（0475）32-7807

発売　幸福の科学出版株式会社
〒107-0052　東京都港区赤坂2丁目10番14号
TEL（03）5573-7700　https://www.irhpress.co.jp/

印刷・製本　中央精版印刷株式会社

落丁・乱丁本はおとりかえいたします

ISBN:978-4-8233-0056-1　C0030

著＝**黒川白雲**（くろかわ・はくうん）
1966年生まれ。兵庫県出身。1989年早稲田大学政治経済学部政治学科卒業。同年東京都庁入庁。1991年より幸福の科学に奉職。指導局長、活動推進局長、人事局長などを歴任。2014年、東洋大学大学院経済学研究科修了。現在、ハッピー・サイエンス・ユニバーシティ バイス・プリンシパル 兼 人間幸福学部ディーン。幸福の科学本部講師。おもな編著書に『救世の時代 来たれり』『救世の主役を目指して』『ＨＳＵ 未来をつくる授業』『ＨＳＵテキスト５ 幸福学概論』（いずれもＨＳＵ出版会）、著書に『知的幸福整理学』『比較幸福学の基本論点』『人間とは何か』（いずれも幸福の科学出版）などがある。

著＝**金子一之**（かねこ・かずゆき）
1964年生まれ。駒澤大学経済学部経済学科卒業。1990年より幸福の科学に奉職。幸福の科学指導局、ヤング・ブッダ渋谷精舎副館長、総本山・那須精舎館長などを経て、現在、ハッピー・サイエンス・ユニバーシティ プロフェッサー。主な著書に、『「自分の時代」を生きる』（幸福の科学出版）、『宗教対立を克服する方法』（HSU出版会）など、編著に『HSUテキスト１ 創立者の精神を学ぶⅠ』『HSUテキスト２ 創立者の精神を学ぶⅡ』、共編著に『HSUテキスト４ 基礎教学A』『HSUテキスト８ 基礎教学B』（いずれもHSU出版会）がある。

著＝**伊藤淳**（いとう・じゅん）
1962年生まれ。2001年東洋大学大学院博士課程修了。博士（文学）。翻訳家。東洋大学、早稲田大学などで、哲学、教養読書論などの教鞭をとる。専門は、カント哲学をはじめとするドイツ観念論、西洋哲学史、芸術論、幸福論。著書に『言葉は、なぜ現実を変える力があるのか？』（きこ書房）、共著に『人間とは何か』（幸福の科学出版）、訳書に『静かな人ほど成功する』（W・ダイアー著、幸福の科学出版）、『エマソンの「偉人論」』（R・W・エマソン著、同上）、『「一流の男」への道』（D・ディーダ著、PHP研究所）がある。現在、ハッピー・サイエンス・ユニバーシティ アソシエイト・プロフェッサー。

著＝**千田要一**（ちだ・よういち）
1972年生まれ。九州大学大学院卒業後、ロンドン大学臨床研究員を経て、現在、医療法人千手会ハッピースマイルクリニック理事長。博士（医学）。精神科・診療内科医、ハッピー・サイエンス・ユニバシティ プロフェッサー。欧米の研究機関と国際共同開発を進めつつ、日本でクリニックを開業し、臨床現場で多くの治癒実績を持つ。第66回アメリカ心身医学会学術賞（2007年）、日本心身医学会第４回池見賞（2006年）など学会受賞多数。欧米（英語）と日本での学術論文と著書は100編を超える。著書に『幸福感の強い人、弱い人』（幸福の科学出版）などがある。

学部のご案内

人間幸福学部

人間学を学び、新時代を切り拓くリーダーとなる

人間の本質と真実の幸福について深く探究し、
高い語学力や国際教養を身につけ、人類の幸福に貢献する
新時代のリーダーを目指します。

※2019年4月より国際人養成短期課程を新設します。(2年制)

経営成功学部

企業や国家の繁栄を実現する、起業家精神あふれる人材となる

企業と社会を繁栄に導くビジネスリーダー・真理経営者や、
国家と世界の発展に貢献する
起業家精神あふれる人材を輩出します。

未来産業学部

新文明の源流を創造するチャレンジャーとなる

未来産業の基礎となる理系科目を幅広く修得し、
新たな産業を起こす創造力と起業家精神を磨き、
未来文明の源流を開拓します。

※2年制の短期特進課程も並設しています。

未来創造学部

時代を変え、未来を創る主役となる

政治家やジャーナリスト、ライター、俳優・タレントなどのスター、
映画監督・脚本家などのクリエーターを目指し、国家や世界の発展、
幸福化に貢献できるマクロ的影響力を持った徳ある人材を育てます。

※キャンパスは東京都江東区(東西線東陽町駅近く)の「HSU未来創造・東京キャンパス」がメインとなります。(4年制の1年次は千葉です)。※2年制の短期特進課程も並設しています。